新版

タイミング妊娠法

市川茂孝 著

丈夫でよい子を産む

新版刊行のあいさつ

本書は、初版発行以来ご好評をいただいてすでに一二年半が経過しました。この間、一九九七年に一度改訂しましたが、生殖科学の進歩は休みなく、新知識を取り入れて、再度改訂する必要が生じました。この間、読者から少々理解しにくい記述があるとのご指摘がありましたので、この点も考慮して改訂いたしました。

二〇〇五年三月

はじめに

牛やヤギ、羊、ネズミなど動物の雌は一定の発情周期（性周期）を繰り返し、一発情周期間に一回排卵する。この間雄と同居すると八五％以上の雌が妊娠分娩する。女性も動物と同じように約一カ月の周期で月経周期（性周期）を繰り返し、周期の中ごろ一回排卵する。統計によると、健康な夫婦が一カ月間、すなわち一性周期間夫婦生活をすると、約二五％の女性が妊娠出産するに過ぎない。動物に比べて人間の妊娠率が著しく低いことから、人間は妊娠しにくい動物であるといわれてきた。

ところが、近年感度の高い妊娠診断法が開発され、妊娠初期の段階で妊娠診断ができるようになった。そこで、この方法で調べたところ、受精率は人間も動物と同じくらい高いことがわかった。さらに、受精率は高いけれど、受精して生じた胚の大部分が異常胚であり、これらの胚が妊娠初期に死んで消えていくので妊娠率が低くなることがわかった。

では、なぜ人間の受精卵に異常胚が多いのだろうか。この疑問を抱きながら、人間と動物の生殖行動に目を向けると、そこに大きな違いのあることに気づく。動物は排卵期だけ交尾するが、人間は時を選ばず性交する。もし、人間も動物と同じように、新鮮な精子と卵子が受精するように、タイミングを考えて性交するならば、薬や人工妊娠療法などに頼ることなく、自らの手で、妊娠率を動物並みまで高めることができよう。本書はこのような方法を**タイミング妊娠法**と名づけ、まずこの考えの根拠を説明する（以上第一章）。タイミング妊娠法の効果には妊娠率の向上と先天異常の減少に加えて、体が丈夫で、賢い子どもを産む効果がある（第二章）。そうと知れば、親はタイミング妊娠法によって、遺伝素質を十分発揮できる能力をもった子どもとして産むよう務めなければならない。

それには、まず第一に、健康な精子と卵子を生産すること（第三章）、次に精子と卵子の受精と老化のメカニズムを理解し（第四章）、これらの基礎知識に基づいて、新鮮な精子と卵子が受精するよう性交のタイミングをはかることである（第五章）。そして、第三に、こうしてできた胎児をよい母胎内環境で育てることである（第六章）。本書はこの三点が子づくりに大切なことを解説し、そのための実行方法を最近の研究報告に基づいて説明する。

目次

第1章

人間の妊娠率はなぜ低い？

1 動物の妊娠率は八五%、人間は二五%

人間では受精卵の六〇%以上が妊娠六週までに死ぬ

多くの哺乳動物の雌は発情と排卵を一定の周期で繰り返す自然排卵動物である。人間も自然排卵動物で約三〇日の周期で排卵と月経を繰り返す。この性周期を動物では発情周期といい、人間では月経周期ともいう。動物の雌は一発情周期間雄と同居すると八五%以上が妊娠して子を産む。ところが、人間は、一カ月間の夫婦生活で妊娠出産するのは二五%に過ぎない。哺乳類の中で妊娠率が低いのは人間だけである。なぜだろうか。これは五、六〇年も前から生殖学者や産婦人科医が抱いていた疑問であり、幾人かの研究者がこの問題について調べている。その中の主要な学者の報告を紹介しよう。

A・T・ハーティヒ教授とジョン・ロック博士ら[1)]は、「人間では受精した胚の多くが妊娠初期に死ぬのではあるまいか」と考え、健康な既婚女性から外科手術によって子宮と卵管を取り出す機会があるごとに、これらの器官内の胚を取り出して調べた。こうして彼らは一九三八年から一九五四年までの一六年間に、二一一人の女性から、受精二日後から一七日後までの初期胚を三四個採取することができた。これらの胚を調べたところ、このうちの三〇％は異常がはなはだしく、妊娠六週まで生き続けることはできないほどの胚であった。そして、他の九％は六週より長く生き延びるとしても、早晩、流産するといえるほどの異常胚であった。彼らはこの結果を一九五六年に報告している。

次に、発生学の大家エミル・ビッチー博士[2]は、ハーティヒ教授らの報告を主体とし、さらにこの他の研究者らの資料を考え合わせて、妊娠初期の胚の消失経過を次のように推定した（一九七一年）。

排卵された卵子一〇〇％のうち一六％は受精しないで終わり、八四％が受精するが、一五％は妊娠第二週まで（着床前）に死に、二七％が妊娠第三週に死ぬ。そして、四週から七週までの間に八％が死ぬ。その後分娩までに三％が失われる。これによると、臨床的に妊娠診断が可能になる妊娠七週より前に受精卵の約六〇％が［（一五＋二七＋八）÷八四＝五九・五］死んでいることになる。

一九七五年にC・J・ロバーツとC・R・ローヴェは統計モデルを使った研究で、受精卵の七八％が妊娠中に失われると推定した。そして、このうちの一〇～二〇％が妊娠二八週以前に流産し、二％が妊娠二八週以後に流産するが、残りの六六～五六％の胚は流産という目に見える形で現われる前に消えていくことを指摘した。

その後、早期妊娠診断法が進歩し、血清検査によって予想排卵日から数日後の時点で受精しているかどうかを診断できる方法（早期妊娠因子による診断法）が開発された。また、従来から行なわれていた尿検査による妊娠検査法も測定感度が非常に高くなった。そこで、これらの新しい方法によって妊娠初期の妊娠率の変化が調べられた。その研究報告を次に紹介する。

本書を読み進むに当たって、予備知識として必要な「妊娠週数の数え方と妊娠の経過」、ならびに「早期妊娠診断法」については第1節の末尾（二五頁〜二九頁）でそれぞれ説明する。

本人も気づかぬオカルト妊娠

避妊していない夫婦を「早期妊娠因子による妊娠診断法」で調べると、予想排卵日の数日後（妊娠第二週）に約七〇％の女性が妊娠していた。九六％が受精していたという報告もある。

英国サザンプトン・ジェネラル病院のエドモンズ博士ら[3)]は、規則正しく月経周期を繰り返していて排卵日が確認された既婚女性延べ一九八人について、その後の妊娠継続状態を感度の高いｈＣＧ検査法によって追跡し、その結果を一九八二年に報告している。それによると、排卵後二週目（妊娠第三週）に妊娠していた女性（着床していた女性）は全体の六〇％であったが、その後予定月経が四日以上遅れた女性は三九％で、排卵後六週目ころ臨床検査によって妊娠が確認された者は二六％であった。この結果は、着床した胚（六〇％）の五七％が臨床検査までに死んでいたことを示す［(六〇−二六)÷六〇＝〇・五六七］。出産まで妊娠が続いたのは二三％であった。

Ｒ・グレイ博士[4)]は、妊娠初期の胚死亡について調査した諸報告を調べあげて次のように結ん

図1-1　妊娠初期の妊娠率の降下

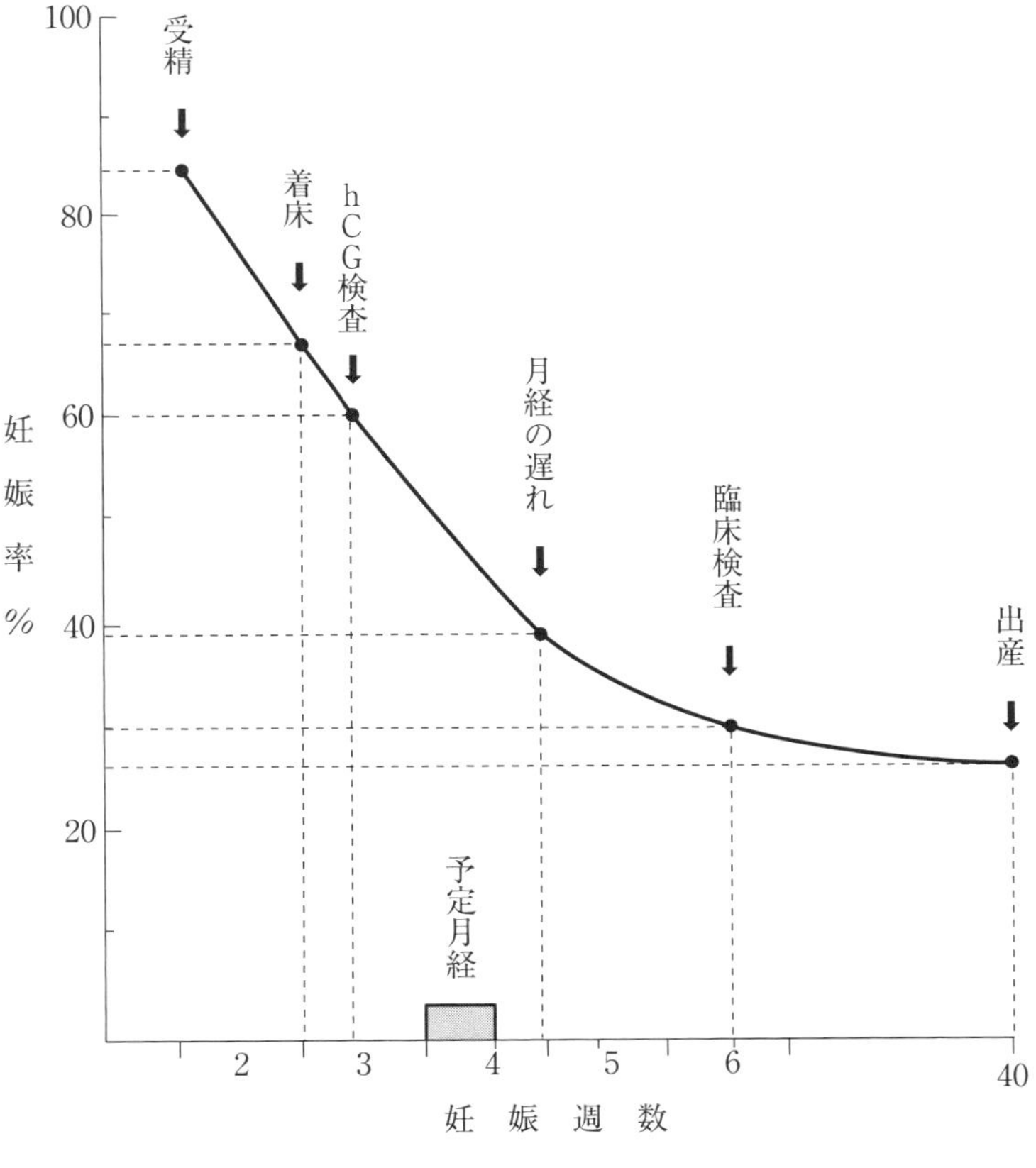

でいる。「受精卵の一〇～一五％が着床以前に死に、着床した胚の三三～四二％が月経の遅れに気づく前に死ぬ。両方を合わせると、受精卵の約半数は女性が妊娠と気づく前に消えている」。

図1―1

は、筆者がこれらの研究報告を参考にして作成したグラフで、規則正しく月経周期を繰り返している女性が一カ月間夫婦生活を続けたときの妊娠女性のその後の経過を示す。

このグラフによると、一〇〇人の女性が一カ月間夫婦生活を続けると、そのうちの八四人が受精する。ところが、七日後に着床するのは六七人で、受精卵八四個のうちの一七個、すなわち、二〇%は着床前に死んでいる。

予定月経が四、五日遅れる者、すなわち、妊娠五週まで妊娠が続く者は三八人で、臨床検査によって妊娠と診断できる六週には三〇人に減っている。

受精した八四人のうちのなんと五四人、すなわち六四%（五四÷八四＝〇・六四三）が医者から妊娠と知らされる前に妊娠した胚を失っているのである。このように本人が知らないうちに終わる妊娠を**オカルト妊娠**と呼ぶ。日の目を見ないで消えていく隠れた妊娠という意味である。

このあと妊娠一二週ころまでに、さらに三人くらい流産する。この時期に流産すると多量の出血があり、はっきり流産とわかる。一般に自然流産というのはこのような流産である。一二週以後分娩までの流産はわずかである。

動物はどうだろうか。豚は一度に平均一五個の卵子を排卵し、交尾すると全部受精するが、そのうちの約一五%（平均二個）が妊娠初期に死ぬ。この中には、胎児の数が多すぎて子宮の収容能力を越えたために死ぬものも含まれている。

雌牛はどうだろうか。今日の家畜牛はすべて人工授精によって妊娠するので、交尾を経験する牛はいないが、発情期の雌牛に雄牛を直接交尾させていた昔の調査によると、交尾した牛の九〇％以上が出産する。シロネズミの妊娠初期の胚死亡率は約一〇％である。残りは全部生まれる。

ここにあげた資料は女性も雌動物もすべて、月経周期あるいは発情周期を規則正しく繰り返しているものについて調べた結果である。

妊娠率の違いは性行動の違いによる

妊娠初期の胚死亡が動物では一五％以内であるのに、人間では六五％に近い。この大きな相違の原因はどこにあるのだろうか。

動物に比べて、人間の胚は育ちにくいとか、母体が弱いからだというが、そうではない。人間と動物では性行動に大きな違いがある。私はここに原因があると思う。

牛、羊、ネズミなど多くの哺乳動物の雌は、発情とそれに続く排卵を周期的に繰り返す（性周期）自然排卵動物である。雌は発情期だけ雄に交尾を許す。たとえば、雌牛は二一日の周期で性周期を繰り返し、一性週期間の中ごろに一回だけ発情する。平均発情期間はわずか一六時間で、この期間だけ雄に交尾を許す。これ以外の時期に雄が雌に近寄って乗っかろうとしても雌は寄せつけない。雌牛は発情が終わると約一一時間後に一個の卵子を排卵する。だから交尾から排卵までの間隔は一一時間から、長くても二七時間である。

実験に使用される雌ネズミは四日または五日に一度、夕方に発情して雄と交尾する。そして、その夜の午前二時ころから四時ころまでの間に一二、三個排卵する。交尾から排卵までの間隔は約八時間である。

ネコやウサギは自動的には排卵しないで、交尾したときだけ排卵する。このような動物を交尾排卵動物という。ネコやウサギの卵巣には成熟卵胞が常時存在し、交尾すると、約一二時間後に排卵する。だから、交尾と排卵の間隔は約一二時間で、いつも新鮮な精子と卵子が受精する。効果的な繁殖方法である。

このように、動物では交尾から排卵までの間隔が数時間から長くても三〇時間以内であるから、毎回、活力の高い精子が排卵直後の新鮮な卵子と受精するので、受精卵はすべて正常に発育する。

人間は約三〇日の月経周期（性周期）の中ごろに自動的に排卵する自然排卵動物である。ところが、人間は排卵とは無関係に時を選ばず性交する。**排卵日のかなり前に性交すると、このとき放出されて女性生殖器内に貯蔵された精子は排卵までに老化が進むので、老化精子が受精することになる。また、排卵後時間が経って性交すると、精子は元気だが、老化した卵子と受精することになる。**

排卵前四日より前の性交（早期性交）による老化精子や、性交の遅れによる老化卵子が受精してできた胚は正常に発育を続けることができないから、ほとんどがオカルト妊娠で終わる。かりにそれより長く生き延びることができたとしても、多くは発育の途中で流産するか、先天異常をともなって生まれ、健常児として生まれるものは少ない。

ここで問題になるのは膣内に射精された精子の受精能力維持期間である。もし、早期性交によって女性の体内に入った精子がすべて排卵までに受精能力を失うならば、早期性交は受胎率低下の原因とはならないだろう。この点はどうだろうか。

精子は女性体内で最長一〇日間受精能力を維持する

南米コロンビアのバーレ大学のロドリゴ・ゲレロ教授とオスカー・ロジャス博士[5)]は、妊娠女性と流産女性合わせて九六五人について、妊娠をもたらした性交日を調べ、性交日と妊娠率、流産率との関係を一九七五年九月の『ニュー・イングランド・ジャーナル・オブ・メディシン』に発表している。図1―2はそれをグラフで示したものである。これによると、排卵日（〇日）を挟んで、排卵前三日から排卵後一日までの五日間に性交して妊娠した女性では妊娠率が高く、流産率は低かった。排卵前四日より前の性交（早期性交）では、性交が排卵日から遠ざかり、精子の貯蔵期間が長くなる。それにつれて、妊娠率が低下し、流産率が高くなった。排卵前九日に性

図1-2　妊娠女性965人（流産女性を含む）の性交日別分布

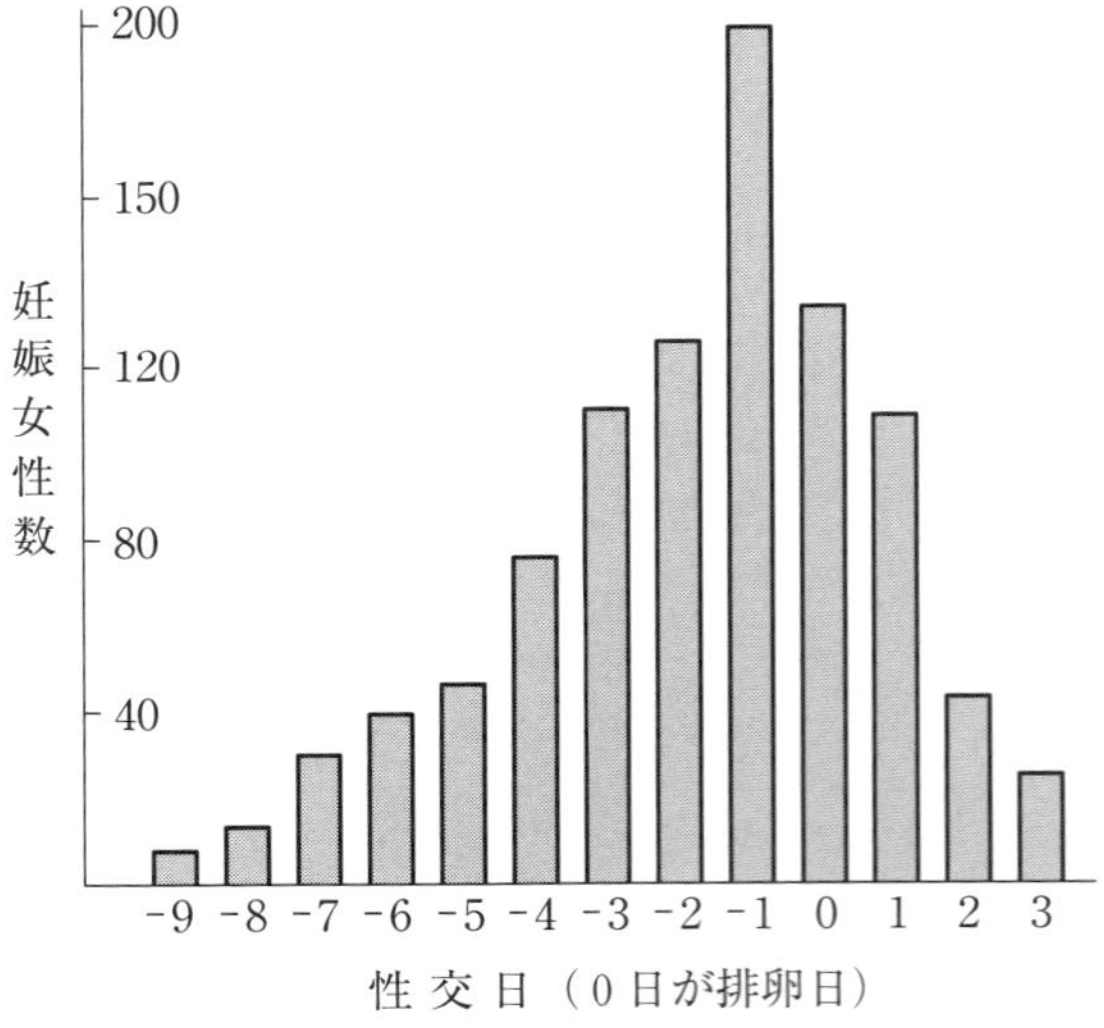

R. Guerrero & O. I. Rojas（1975）の資料より作図。

交して妊娠した女性は九名（〇・九％）で、そのうち一人が流産した。これらの結果は、女性体内に射精された精子は一〇日間受精能力を維持するが、貯蔵期間が長くなるにつれて老化が進み、老化した精子と受精した胚では流産が多く、妊娠率が低下することを示している。

　排卵された卵子の老化はどうか。一般に排卵後三日目の卵子は老化しているので性交しても妊娠しないといわれていたが、この調査では排卵後三日目の性交で二五人が妊娠し、そのうちの六人（二四％）が流産した。

　これらの結果から筆者は、**女性の**

体内に射精された精子は日が経つにつれて徐々に老化するが、受精能力は最長一〇日間維持されると推測する。受精能力が長期間維持されるのは、射精された精子が卵管内に貯蔵され、その保存環境が精子の生存に適していることによる。これについては第四章でさらに詳しく説明する。

ゲレロらの調査は臨床的に妊娠と確認された後、すなわち妊娠六週以後に起こった流産について調べたものである。流産以前に、オカルト妊娠として消えていった多数の胚は調査対象に含まれていない

オギノ式避妊法では妊娠することがある

オギノ式や基礎体温法のような避妊法を**リズム法**という。リズム法では、図1―3のように、予定排卵日を中心に、その前に一日と後に三日を加えた五日間を排卵が起こりうる期間としている。そして、射精された精子は三日間受精能力を維持しているとして、五日間の排卵期の前に三日を加えた八日間を受胎期あるいは危険期と定めている。この受胎期だけ禁欲するとか、避妊具を使うならば、妊娠を避けることができると教えている。

中心となる予定排卵日の決め方はそれぞれのリズム法によって異なる。オギノ式では次の予定月経の初日から逆算して一六日目を（一二一頁、図5―6）予定排卵日とし、基礎体温法では低温期の最終日を（一二三頁、図5―7）排卵日としている。リズム法では精子の受精能力維持期

図1-3　リズム法の受胎期(危険期)と不妊期(安全期)

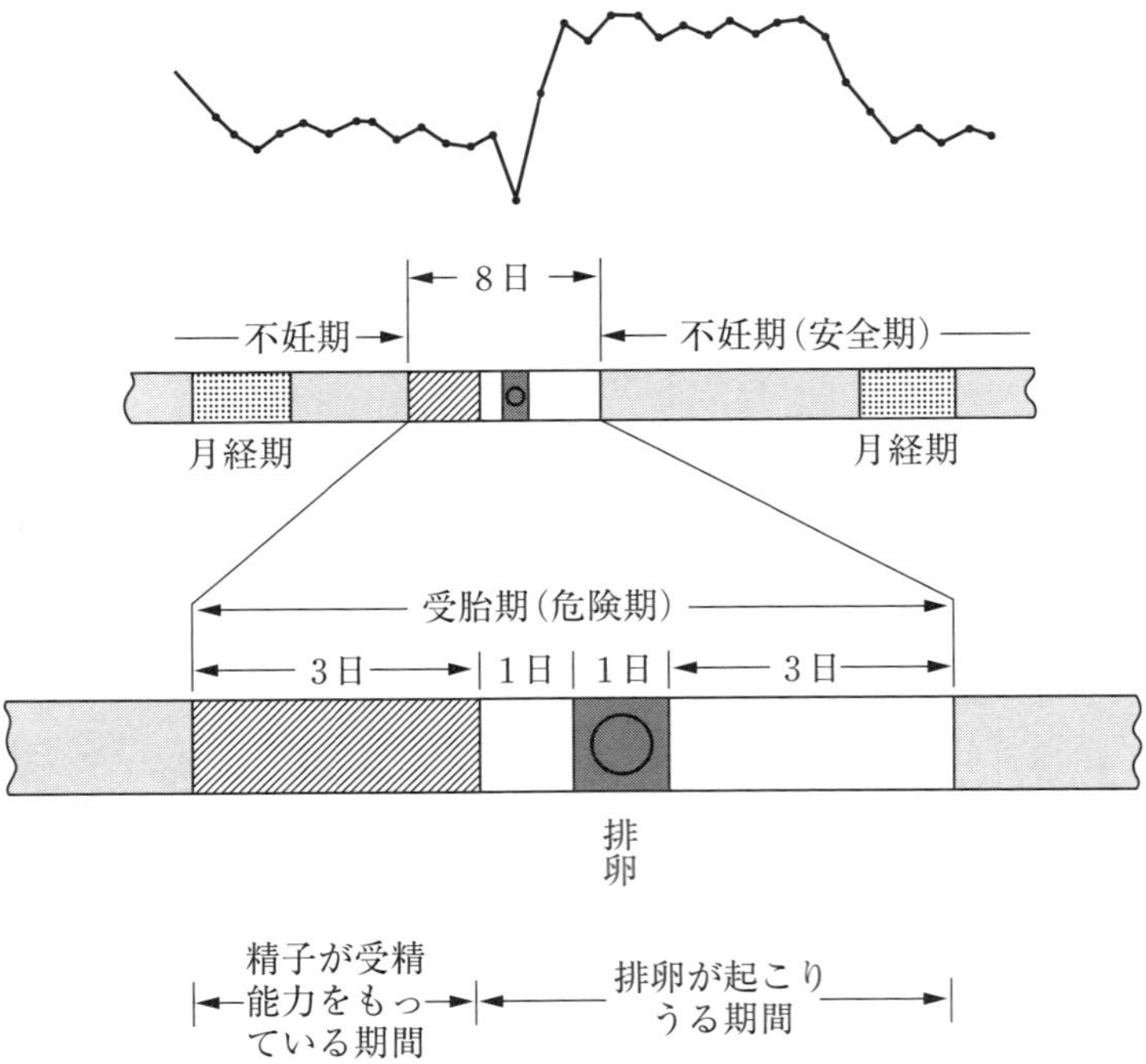

間を三日間としているが、これは間違いである。前述(一九頁)のように、精子は卵管内貯蔵所で一〇日間受精能力を維持するので、リズム法による避妊では、不妊期(安全期)に性交した精子が受精する可能性がある。これらの精子は老化が進んでいるので受精してもほとんどが異常胚となり、オカルト妊娠で終わる。

　これについて読者は、「危険期以外の子宮頸管は粘性の高い粘液によって塞がっており、頸管自身も筋肉が収縮して固く閉じているから、精子は侵入できないのではないか？」という疑問を抱くかもしれない。

たしかに排卵期以外の頸管は細菌の侵入を防ぐため、粘液栓で固く塞がっており、精子が侵入できるような状態ではない。ところが、ルーベンスタインらが膣に精液を注入してその後の精子の侵入状況を調べたところ、月経周期のどの時期でも精子は頸管を通過して子宮や卵管に侵入した。排卵期以外の頸管粘液への精子侵入は、排卵期ほど容易ではないとしても、受精条件を満たすくらいの数の精子は進入するようである。

事実、リズム法で避妊している女性が、不妊期に性交して妊娠したという例は珍しくない。しかも、そのような妊娠では流産率が高いとか、知的障害の子が生まれやすい、という調査報告が一九六〇年代以降いくつか発表されている。前項（一九頁）であげたゲレロ教授らの報告でも、流産女性を含めた九六五人の妊娠女性のうち、合計一四二人（一四・七％）は排卵九日前から五日前までの不妊期とされる時期に性交して妊娠している。そして、この時期に妊娠した女性では一六人（一一・六％）が流産し、流産率が高かった。九人（一人流産）は排卵の九日前に性交して妊娠した。

タイミング妊娠法とは

活力溢れる精子が排卵直後の新鮮な卵子と受精するよう、排卵期を狙ってタイミングよく性交するならば、オカルト妊娠や流産を避けることができ、妊娠率は、動物なみといわないまでも、著しく向上するはずである。このような性交法を筆者は**タイミング妊娠法**と呼んでいる。

実状はどうかというと、ほとんどの夫婦が時を選ばず性交し、妊娠はなりゆき任せにしている。もしタイミングを考えないで、**毎回老化精子や老化卵子が受精するような性生活を繰り返すならば、体は健康で正常な生殖能力をもちながら、いつまでも妊娠しない。**たとえ妊娠しても流産する。

このような不妊は病院で調べても原因がわからない。結局、原因不明の不妊症ということになり、自分自身も不妊症だと思い込んでしまう。

不妊症ではないかと疑ったら、不妊治療に入る前にまずタイミング妊娠法を試みるとよい。効果があるはずである。二、三回試みてそれでもなお妊娠しなければ本当に不妊症かもしれないので、病院で原因を調べよう。そのときタイミング妊娠法のためにつくった記録は医者の診断に参考になるから無駄にはならない。

図1-4　妊娠週数の数え方

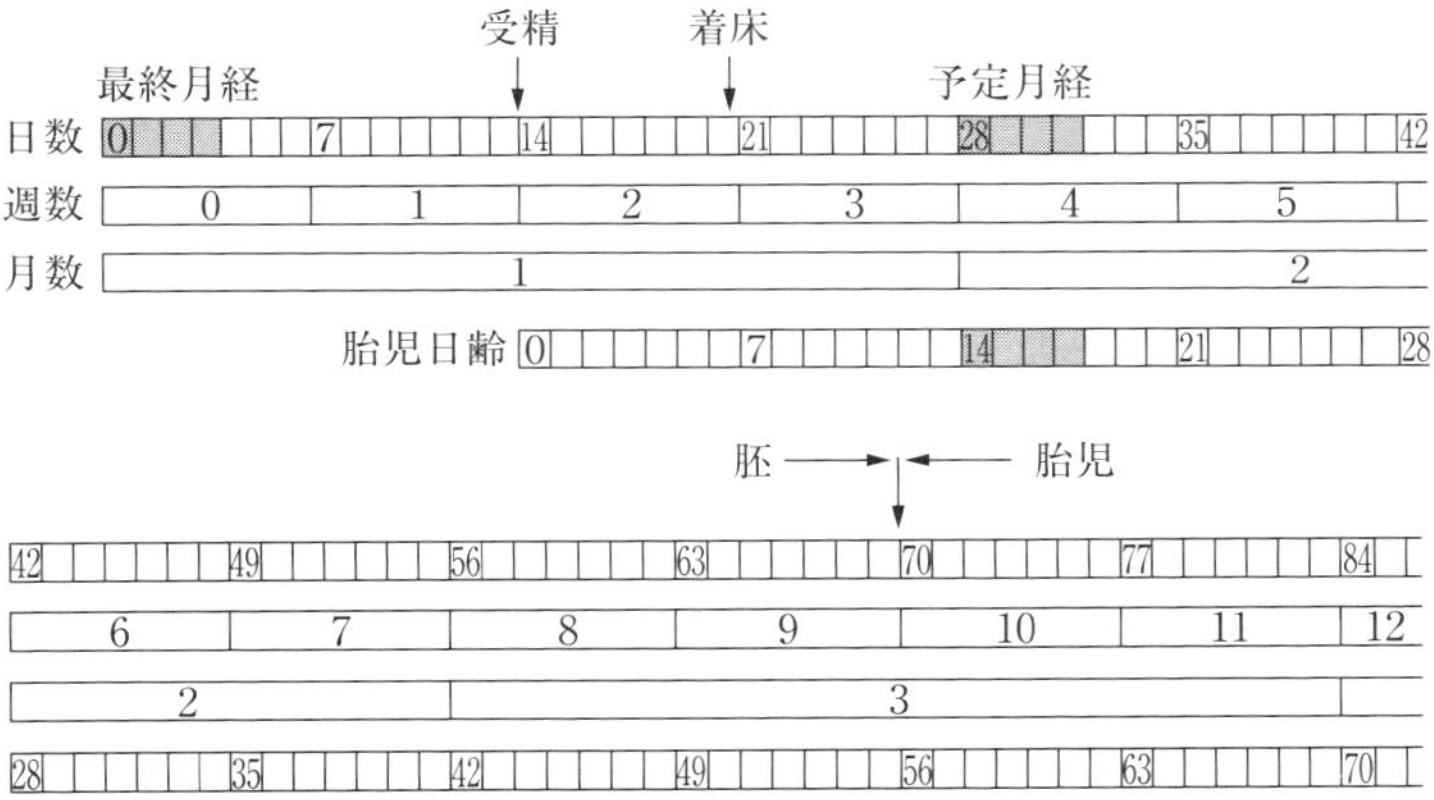

「妊娠週数の数え方と妊娠の経過」

妊娠日数は図1―4に示すように、最終月経の第一日を妊娠〇日とし、これに続いて一日、二日、三日と数える。妊娠週数は、妊娠〇日から六日までの最初の七日間を第〇週とし、次の七日間を妊娠第一週として数えていく。妊娠月数は、〇週から三週までの四週間を妊娠一カ月とする。以後四週間を一カ月として計算し、二カ月、三カ月と数える。

排卵は妊娠第二週の初めにあり、放出された卵子はただちに精子と受精する。実際の妊娠はこの日から始まる。ところが、素人は排卵日を正確に知ることができないから、最終月経の始まる日から起算することになっている。排卵日、すなわち受精した日から起算する日数を胎児日齢という。

この計算法を理解しておかないと、結婚前に妊娠していたのではないかと、あらぬ疑いをかけられることがある。たとえば、排卵日に結婚してその日に受精したとしよう。それから五〇日経って、産婦人科へ行くと、妊娠九週とか妊娠三カ月だと言われる。この場合、胎児日齢は五〇日（七週と一日）であるから、妊娠九週だといわれると、これを聞いた旦那は青くなる。

受精卵が発育したものを**胚**という。胚は受精から七日後にあたる妊娠三週の初めに子宮壁に着床する。妊娠すると、四週目にあるべき次の月経がないので、ここで初めて妊娠したのではあるまいかと疑いを抱くことになる。そこで、薬局で妊娠検査薬を買い求め、これを使って尿検査をする。その結果が陽性ならば一応妊娠ということになるが、この時期の胚はまだ死亡率が高いので安心できない。六週ころ産婦人科で検査を受けて妊娠であることをはっきりさせる。九週の終わりには、体のすべての器官がひと通りでき上がるので、一〇週以後は**胎児**と呼ぶ。胎児は妊娠四〇週の終わりに出産する。

「早期妊娠診断法」

（1）　早期妊娠因子による方法

一九七七年、オーストラリアのモルトン博士は、受精すると二四時間以内に妊婦の血清中に早期妊娠因子という蛋白質が現われることを発見し、この因子の有無を調べることによって初期の妊娠診断ができることを発表した。この方法を使うと、受精後四八時間以内に妊娠かどうかを診断できる。もっとも、これで仮に妊娠していることがわかったとしても、その胚の六〇％以上が妊娠初期に死ぬから、実用的妊娠診断法ではない。だが、受精率や受精卵のその後の運命などを研究するうえで価値の高い方法である。

（2）　ｈＣＧによる方法

卵子と精子が受精してできた胚が子宮壁に着床すると、胚表面の絨毛膜が、着床した部位の子宮粘膜に進入して、一～二日後にヒト絨毛性性腺刺激ホルモン（ｈＣＧ）という蛋白質ホルモンを分泌し始め、これが血液中や尿に出てくる。ｈＣＧの分泌量は妊娠五〇日ころから著しく増加し、妊娠八〇～九〇日ころピークに達する。尿中のｈＣＧを発見したのはドイツのアッシュハイ

写真1　ゾンデック博士（右）と筆者

ムとゾンデックである（一九二七年）。彼らはこれを利用した早期妊娠診断法を発表した（写真1）。

当初、この妊娠診断法では、女性の尿をハツカネズミやウサギに注射して、卵巣や子宮、腟に起こる反応を調べるという方法が行なわれていた。この方法では結果がわかるまでに三〜五日かかる。しかも、感度が低いので、ｈＣＧの分泌が増加する妊娠五〇日（妊娠七週）以後でないと診断ができなかった。

ところが、一九六〇年代に、ｈＣＧの抗血清とｈＣＧとの抗原抗体反応を利用する免疫検査法が開発され、二分間で判定できるようになった。

さらにその後、抗血清の代わりにモノクロナール抗体を使うようになり、感度が非常に高くなった。だから、研究室では着床後二、三日目の尿でも妊娠診断ができる。市販の検査薬でも妊娠四週目、すなわち、次の予定月経の始まるころには確実に判定できる。

(3)胚または胎児の確認

ｈＣＧは胎児の絨毛膜から分泌されるホルモンであるから、胞状奇胎とか、胚が死んで膜だけ残っている場合、あるいは子宮外妊娠でも分泌される。だから誤診の可能性がある。確実に妊娠と断定するには、生きた胚が子宮の中にいることを確認しなければならない。それには、胎児の心臓の拍動とか胎動を聴診器で聴くという方法がとられていた。

その後ハイテク技術の発達により、超音波診断法によって胎児の動きや心臓の拍動を画像で直接見ることができるようになった。しかも、今までは超音波発振装置を腹部の表面に当てて子宮内の状態を探査していたが、最近では、発振装置を組み込んだ探査棒（経腟プローブ）を腟から子宮のすぐそばまで差し入れて観察できるようになった。経腟プローブを用いると、胚の入った胎嚢を妊娠四週ころから観察できる。心臓の拍動は妊娠六週で見えることもあるが、確実に見えるのは妊娠八週以後である。

2 性交のタイミングが悪いと先天異常の子どもが生まれやすい

ミスタイミングによる先天異常出産の報告

アイルランドの産婦人科医レイモンド・クロス博士は[6]、妊娠前の過度な性交と性交のミスタイミングが無脳症、脳水腫、脊椎裂などの先天異常のある子の出産と流産の原因になることを一九六一年に報告している。表1―1がその報告である。彼は、先天異常のある子の分娩や流産を一回ないし三回経験した一六組の夫婦について、この人たちの一週間の性交回数を調べたところ、少ないものは三回であるが、一六組のうち九組までが週に七回ないし二一回も行なっており、タイミングなどまったく念頭になかった。博士は、彼らの出産歴は、性交回数が多すぎて精子の成熟が不完全なことと、性交のミスタイミングが原因であろうと考え、これらの夫婦に次のような指示を与えた。

「夫は精巣の温度が高くならないよう注意すること。そして、妻の排卵日までできるだけ長く、少なくとも一〇日以上禁欲して精子を蓄えること、性交は月経周期の一一日目から始め、それから四～七日間は好きなだけしてよい」。このほかに栄養摂取についても注意を与えた。一六組の

表1−1　16組の夫婦の出産歴

患者番号	出　産　歴	性交回数／週	指導後の出産
1	無脳症 2	14	正常児
2	〃 2	3	〃
3	〃 1	3	〃
4	〃 2	5	〃
5	〃 2	21	〃
6	脳水腫 1	14	〃
7	無脳症 1	14	〃
8	正常 1　無脳症 1 流産 2	4	〃
9	無脳症 1	7	〃
10	先天異常 2	7	〃
11	〃 1	7	〃
12	正常 1　流産 1	7	〃
13	〃 1　無脳症 2 先天異常 1	4	〃
14	脊椎裂 2	5	〃
15	脳水腫＋脊椎裂 1	5	〃
16	（先夫）正常 1 無脳症 1　流産 6	1 7	 妊娠中

R. G. Cross（1961）の報告より。

夫婦がこの指示にしたがったところ、全員が正常児を出産した。クロス先生の狙いは、過度な性交と精巣温度の上昇による精子数の減少や未成熟精子の放出を防ぎ、新鮮な卵子と健全な精子が受精するように、受精のタイミングを計ることであった。これは正しく著者の主張するタイミング妊娠法である。

また、オランダのジョンブレット博[7]士は、知的障害児を保護施設に預けている夫婦の中から、家族歴に遺伝病がなく、かつ、障害児を出産する可能性の低い若夫婦三五組を選び出し、これらの夫婦について、過去の月経周期の記録と出産歴やその後の計画妊娠について調べ、ミスタイミングと障害児出産の関係を調査した。その結果を表1—2に示す。

これらの夫婦は避妊にリズム法を使っていた。彼らのリズム法は、月経終了後から予定排卵日まで禁欲し、予定排卵日の後だけ性交するというやりかたであったから、この方法で避妊に失敗

表1-2　知的障害児をもつ35組の夫婦の出産記録

	妊娠総数	正常妊娠	自然流産	障害児出産
リズム法に失敗して妊娠	59 (100)	18 (30)	8 (14)	33 (56)
計画妊娠	100 (100)	74 (74)	14 (14)	12 (12)

括弧内は%　　P. H. Jongbloet. 1969.

して妊娠すると、それは老化卵子が受精して妊娠したと考えてよかろう。

彼らはこのようなリズム法を実行したが、避妊に失敗して、総計五九回妊娠した。そのうちの三三回（五六％）は障害児出産で、正常妊娠は一八回であった。ところが、このような避妊法をやめて通常の性生活に戻ると、合計一〇〇回妊娠して、障害児が生まれたのはそのうちの一二％であった。この一二％は一般の先天異常の出産率に比べるとかなり高い値ではあるが、これは予備調査で発見できなかった遺伝的欠陥によるのだろうと博士は説明している。

また、これとは別に、人工中絶、自然流産、子宮外妊娠などの理由で取り出した胎児について、性交の時期と先天異常の関係を調べた別の学者の報告によると、月経周期の中期以後の性交によって妊娠した女性の胎児に異常が多かった。

これらの研究報告は、リズム法による避妊で失敗して妊娠すると、ミスタイミングによる先天異常の出産が著しく増すことを示している。

異常胚の選別機構は完ぺきではない

発育を続けることができないほど老化が進んだ胚は、その大部分が選別の網にかかって淘汰される。妊娠初期の胚死亡は、いうならば、人間の自由奔放な性交によって生じた異常胚を選別淘汰する自然の防衛機構である。もし、この選別機構がなく、老化卵子や老化精子によって生じた受精卵がすべて生まれてくるとなれば、世界人口の三分の二が先天異常になるだろう。このチェック機構は人類にとってなくてはならない機構であるが、完ぺきではない。その証拠に、性交のタイミングが悪いと先天異常や知的障害の子どもの出産率が高くなる。

一般に、生まれてくる子どもの約五％が先天異常である。ブレント博士[8)]は、これらの先天異常の発生原因について次のように分析している（一九七六年）。

先天異常の二〇％は遺伝により、一〇％が染色体異常による。放射線、催奇形毒、梅毒や風疹などのような感染症、ホルモン、アルコール、母体の病気などによるものは合計で八％、そして、六九％は多数の因子によって自然発生する異常である。ここに示したパーセント全部を合計すると一〇〇％を越すが、それは複数の原因が重複していることによる。

ここで取り上げたいのは、四番目にあげた多因子性自然発生異常が六九％という高い発生率を示している点である。多因子性自然発生異常とは、原因はわからないけれど、たくさんの悪い要因が重なり合って生じた異常であると、ブレント博士は説明している。

筆者はこの六九%のうちのかなりのパーセントは、性交のミスタイミングが原因で生じた異常と推測する。もし、世界中の夫婦が子どもをつくるための性交のときだけタイミング妊娠法を実行するならば、このパーセントは格段に小さくなるに違いないと私は信じている。

老化卵子や精子の受精胚は必ず先天異常になるとは限らない

発育を続けることができないほど老化が進んだ胚は、選別の網にかかって淘汰される。それでは、淘汰を免れた欠陥胚は必ず先天異常をともなって生まれるのだろうか。また、淘汰の一歩手前まで老化が進んだ精子や卵子が受精すると、生まれる子どもは虚弱児になりはしないか、という不安がある。しかし、必ずそうなるとは限らない。なぜなら、動物の体には異常を正常に戻そうとする自然の矯正力が備わっている。この矯正力は出生後の体でも働くが、発生過程の胚や胎児ではとくに広く、かつ強く働く。受精卵がいったん発生を始めると欠陥はできるだけ矯正され、受精卵の大部分は一応正常な形態を備えた体に発育する。だから、精子や卵子の老化の程度から予想されるほど大きな欠陥をもつ子どもが生まれることはまれである。

ただ、この矯正力は万能ではない。これが作用するのは、内臓、血管、筋肉、骨格、脳幹、自律神経のような、生きるために必要な器官とその機能である。知能のように、生命維持とは直接関係のない大脳機能にまで矯正力は及ばない。無脳症はその典型的な例である。脳の大部分が欠損しているが、生命維持機能の中枢が集まっている脳幹は正常に働いており、体の発育は良好である。

老化の進んだ精子や卵子が受精した場合、肉体細胞の発育には矯正力が作用するから体は正常に発育することもあるが、高位の神経系には矯正力が及ばないから、精神活動に障害のある子どもが生まれる率は高い。リズム法に失敗して生まれた子どもに、体は健康だが、無脳症のような神経系の先天異常や知的障害の子どもが多いのはこのような事情による。

老化が軽度な胚は淘汰を免れるが、このような胚から生まれた子どもは、知的障害の子どもというほどではなくても、新鮮な精子と卵子が合体して生まれた子どもに比べると、知能の働きは劣るだろう。

両親からいかに優れた遺伝子をうけ継いでも、性交のタイミングが悪ければ、知能の働きが劣るということはあるだろう。運が悪いと、先天異常の子どもが生まれるおそれさえある。

障害児を産まないために、子どもをつくるときの性交だけは、新鮮な精子と卵子が受精するようタイミングを計ることが肝要である。

ミスタイミングを理由に中絶はできない

性交のタイミングが悪いと、不妊症でもないのに子どもができないことが多い。タイミング妊娠法は、このような不妊を避けることによって妊娠率を向上し、丈夫でよい子を産むための方法である。

本法には先天異常や知的障害の子どもの出産を減らす効果があるが、タイミングが悪いと必ず障害児が生まれると決まっているわけではない。タイミングが悪くても元気な精子と卵子が受精することがある。また、老化した精子や卵子が受精した胚は、そのほとんどが異常胚で、妊娠初期に淘汰されるから、たとえミスタイミングであっても、臨月まで無事に育つならば健康な子どもの確率が高い。タイミングが悪かったからといって、それだけを理由に中絶することは許されないし、かりそめにもそのようなことを考えてはならない。

かりに障害児として生まれることがあっても、これらの子どもは胎内において不利な条件に耐え、たくさんの選抜淘汰の関門を乗り越えて呱呱の声をあげ、我々人間社会の仲間として生まれてきたのである。助け合って生きる喜びを分かち合わなければならない。

第2章

タイミング妊娠法は賢い子をつくる

親から優れた遺伝子を受け継ぐことができれば優秀児に育つだろうが、それは意図してできることではない。運まかせである。また、賢い人を配偶者に選べば賢い子どもが生まれるというかもしれないが、その保証はない。この問題について私たちにできる最良の方法はタイミング妊娠法だけである。その理由について説明しよう。

1 知能はなにによって決まるか?

知能は遺伝と環境の影響を受ける

目の色とか皮膚の色、色盲、血液型などは一個、あるいは二、三個の遺伝子によって決まり、メンデルの法則によって子孫に遺伝する。目の色は青か黒、血液型はA型、B型、AB型、O型のいずれか、という具合に、はっきり分かれて子どもに伝わる。目の色や血液型が環境によって変わるということはない。このような遺伝の仕方をする形質を「質的形質」という。

これに対し、身長や体重の遺伝にはたくさんの遺伝子がかかわっており、さらに、栄養や運動などの環境要素も影響する。だから、大勢の人について身長や体重の分布をグラフに示すと、大きい者から小さい者まで、連続的に変化する正規分布となる。このような遺伝の仕方をする形質

図2−1　新スタンフォード・ビネー知能検査法で調べた2歳から18歳までの知能指数（IQ）の分布

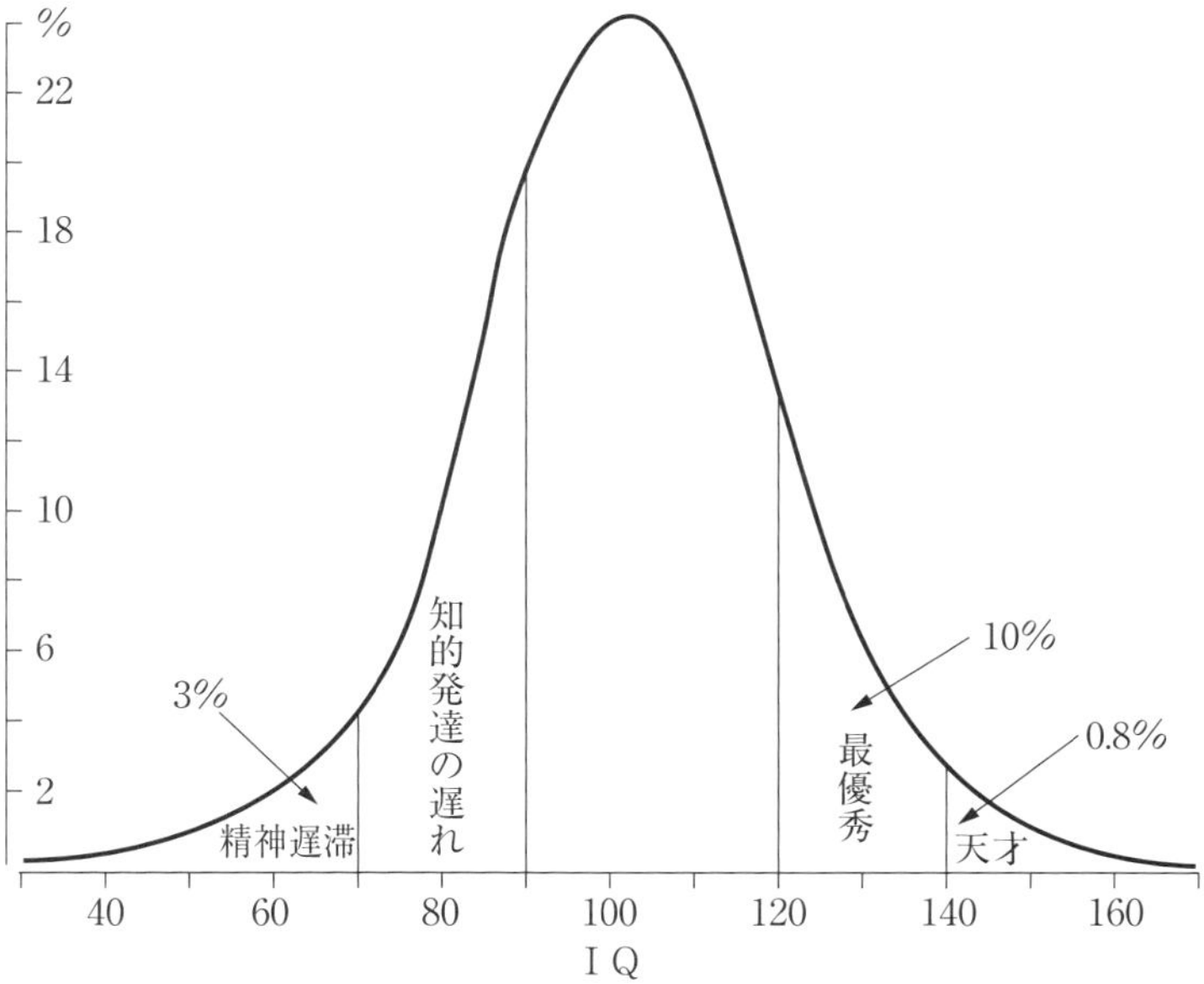

L.M.T.erman（1937）の資料から作図

を「量的形質」という。

図2—1は米国の心理学者ターマンが、二歳から八歳までの約三〇〇〇人の子どもについて調べた知能指数（IQ）をグラフに表したものである。IQは正規分布を示している。ターマンは、この中でIQが一二〇から一四〇までの者をもっとも優秀な子どもとした。これは全体の約一〇%を占めていた。また、IQが一四〇以上の者を天才とした。そして、IQが九〇以下の者を知的発達の遅れ

とした。

　ＩＱ値が正規分布するということは、知能には多数の遺伝子が関係すると同時に、家庭環境や学校教育などの環境も影響することを示している。知能は量的形質である。

遺伝と環境が知能に働く度合い

　知能の発達に遺伝と環境がどれくらいの割合で関係しているかを表す数値として「遺伝率」がある。遺伝率の算出方法は学者に任せるとして、この数値の解釈法を説明しよう。

　遺伝率は〇から一までの数値で表される。遺伝率が一に近いほど遺伝の影響が大きく、〇に近ければ環境の影響が大きいことを示す。たとえば、目の色や色盲の遺伝率は一であるから、遺伝だけで決まり、環境はまったく影響しない。また、ある素質の遺伝率が〇に近いと、遺伝は関係なく、環境条件の改良によってのみこの素質は変化する。素質の遺伝率が〇・三より大きければ、その素質の優れた雄と雌を選んで交配を重ねていけば、素質を次第に向上することができる。これを「選抜育種」という。現在飼育されている家畜はすべて、野生の原種から目標とする素質に向かって選抜育種を繰り返して改良されたものである。

　人間のＩＱの遺伝率は〇・五くらい（〇・四七～〇・五八）と推定されている。これは人間の知能が遺伝と環境の影響を同じくらい受けていることを示している。もし優れた民族をつくろうと思えば、ＩＱの高い男女だけを選んで、高い教育、訓練を施し、その中から、優れた教養を身につけた者をさらに選抜する。そして、このような人たちだけに子どもを産ませ、それ以外の男女には子どもをつくらせない。こういう政策、すなわち家畜で行なっている選抜育種を人間に適用して繰り返すならば、ＩＱの高い民族をつくることができよう。

では、何代くらい選抜育種を繰り返せばＩＱの高い子ばかり生まれる民族ができるのだろうか。それは遺伝率の値にもよるが、動物で一つの量的形質、たとえば泌乳量を目標とした場合では普通二〇代で、希望する優良遺伝子が揃った系統をつくることができる。人間の一代を三〇年とすれば、六〇〇年間ＩＱの高い男女だけに子を産ませなければならない。

かつて、ドイツのヒットラーが、ドイツ人の素質向上と称して人種改良を手がけたことがある。この計画は敗戦によってあえなく消えたが、人間の育種が企てられたという記録は、人類史上これをおいて他にはない。

人類はいまだかつて一度も選抜育種されたことがないので、人間は遺伝学的にはすべて、家畜でいう野生の原種と同じ状態である。

親の才能遺伝子に優劣はない

人間の知能に関係する遺伝子は数百以上あるというから、四六個の染色体はすべて知能に関係する遺伝子を担っていると考えてよかろう。この仮定の下で知能遺伝子の組み合わせがどのくらいあるか試算してみよう。

染色体は減数分裂のとき二三個ずつに分かれて精子や卵子に入る。二三個の染色体の組み合わせは二の二三乗通り、すなわち、約八四〇万通りあることになる。しかし実際にはその数倍、数十倍にもなる。だから、同じ父親の精子間でも知能遺伝子の組み合わせは全部違うといってよい。ＩＱの高い父の精子にも、頭の悪い父の精子にも、知能遺伝子の組み合わせがよいものと悪いものが入り混じっている。卵子についても同じことがいえる。

一個の精子と一個の卵子が合体して子どもになるのだから、一組の夫婦から生まれる子どもの知能遺伝子の組み合わせは八四〇万×八四〇万、すなわち七〇兆通り。実際には、七〇兆の数十倍ということになる。かりにＩＱの高い男女が結婚して、この両親が生産する七〇兆通りの受精卵の中でＩＱの高い組み合わせの子どもが生まれる確率はどのくらいあるだろうか。宝くじの当選率などの比ではない。

このように見てくると、地球上には、必ず頭のよい子どもを産むと保証された人間も、必ず悪い子が生まれると烙印を押された人間もいない。優良遺伝子を伝えるという点では私たちの間に優劣はない。

ノーベル賞の大先生の子より長屋の八さん熊さんの子のほうが頭がよいという例はいくらでも

ある。親の教養が高いと総じて子どもの学業成績もよいというのは、遺伝ではなくて、家庭環境の影響である。

世の中にはまれに、同じ家系から非凡な才能をもつ人物が続いて輩出することがある。音楽家のバッハ一族や、日本画の狩野一族がその例である。しかし、レオナルド・ダビンチとか、ニュートン、アインシュタインのような不世出の天才は卒然と現われて一代で消える。これは知能と才能の違いによる。

知能は合理的思考を中心にした総合的精神活動であるが、才能は限られた特殊な技能、たとえば、音楽、絵画、弁論、計算などにおいて上達する能力である。したがって才能に関係する遺伝子の数は、知能に比べると、比較にならないほど少ない。関係する遺伝子が少なければ少ないほど、一人の人間に優良遺伝子が集中する機会が多くなり、次代へ伝達される確率も高くなる。しかし、才能とてもせいぜい三、四代続けばよいほうで、そのあと、一族の才能遺伝子は民衆の中に雲散霧消する。

天才が忽然と消えて後を引かないということは、知能に関係する遺伝子の数がいかに多いかを示している。

成人の知能は出生時の素質に依存する

前述したＩＱの遺伝率が〇・五というのは、双生児、兄弟、親子などの血族関係について調べた値である。しかし、遺伝と環境の影響を調べるには、このような調査対象よりも、幼少時から異なる環境で別々に育った一卵性双生児について調べたほうがもっとはっきりわかるはずである。だが、そのような一卵性双生児を探し集めることは大変困難である。したがって、そのような研究報告は今までに三報しかなく、しかも、調査した例数が少ない。

ところが、ミネソタ大学のトーマス・ブチャードら[9]の心理学者と遺伝学者のグループは、このような一卵性双生児五六組を探し出してＩＱの遺伝率を調査することに成功した。彼らはその成果を一九九〇年十月のサイエンス誌に報告している。それによると、ＩＱの遺伝率は、すでに報告されている三報と同じように、〇・七前後（〇・六四〜〇・七四）であった。これは、**成人のＩＱの約七〇％が「出生時の素質」による**ことを示している。

ブチャードらはさらに、一卵生双生児で幼少時に離れて別々に育った組と一緒に育った組について、医学的検査と、個性、気質、職業と余暇における趣向などさまざまな心理的調査を行ない、双生児間の類似性を比較した。その結果、一緒に育った双生児が医学的にも心理的にもよく似ていることはもちろんだが、異なる環境で別々に育った双生児も、一緒に育った双生児と同程度によく似ていた。この結果も、人間の素質は出生後の環境より出生時の素質に依存する度合いが大きいことを示している。

では、その出生時の素質に影響する素因は何か。まず第一に親からもらった遺伝子があげられる。その他の素因として筆者は、受精時の卵子と精子の鮮度、ならびに、受精後の胚が発育する子宮内環境をあげたい。

私たちは遺伝子を変えたり、選別したりして、よい遺伝子を子どもに伝えるということはできないが、タイミング妊娠法によって出生時の赤ちゃんの素質を高くすることはできる。

2 タイミング妊娠法は優れた頭脳をつくる

人間の脳は、目や耳から情報を受けると、これに反応して即座にさまざまな酵素や化学物質を合成し、また、神経細胞から神経突起が伸び、新しい回路をつくる。この神経回路によって新知識が記憶され、思索が行なわれる。

脳の働きはまことに複雑精妙である。脳細胞が刺激に対してつねに敏感に正しく反応するならば、明晰で回転の早い頭脳といえる。神経回路がより複雑で、よく統御されているならば深遠な思索力のある頭脳といえよう。

神経細胞は、心臓細胞、卵子と同じように、胎児期に分裂増殖し、出生後は分裂しない。だから、生まれたときの神経細胞が生涯使われる特殊な細胞である。

もし人生の出発点となる受精に際して、卵子や精子が少しでも老化していると、それが受精して生まれた子どもには老化の影響が生涯つきまとうだろう。なかでも、構造が精巧で、複雑な働きをする大脳では老化の影響が大きい。しかも、大脳の異常に対しては矯正力が働かない。

ミスタイミング妊娠では中枢神経系の先天異常や知的障害の子どもの出産率が高い（三〇頁）ことが、それを物語っている。ミスタイミング妊娠で生まれた子は、外見は正常でも、脳細胞の働きが他の人に比べて鈍いだろう。

反対に、受精のタイミングがよければ、元気で活発な精子と卵子が受精するから、生じた胚は親から受けた遺伝能力を一〇〇％発揮して、丈夫で優秀な子どもに育つことが期待される。

ニッダーはタイミング妊娠法である

ユダヤ人は昔からタイミング妊娠法を行なっていた。彼らが**ニッダー**と呼んでいる性習慣がそれである。

ユダヤ人の聖典『旧約聖書』のレビ記第一五章一九節に次のように書いてある。

「また女に流出があって、その身の流出がもし血であるならば、その女は七日のあいだ不浄である。すべてその女に触れる者は夕べまで汚れるであろう。（中略）男がもし、その女と寝て、その不浄を身にうけるならば、彼は七日のあいだ汚れるであろう。また彼の寝た床はすべて汚れるであろう」

この教えを受けて、ユダヤ教の行動経典である『タルムド』の第一二章一に**ニッダー**という次のような戒律がある。

「月経中と月経後の七日間は禁欲する。そして七日目の夜、ミクベという儀式的な沐浴を行なって身を清める。そうした後で、夫婦生活を始める。」

この禁欲の解禁日は排卵の前日か前々日に当たる（二五頁 図1―4）。だから、ニッダーにしたがって夫婦生活をすれば、新鮮な精子が新鮮な卵子と出会って受精することになる。彼らは、このような性習慣を宗教の戒律として一〇〇〇年以上も前から続けてきた。

顕微鏡が発明されて精子が発見されたのが一七世紀であり、卵子の発見と受精の仕組みがわかったのは一九世紀後半で、今から約一三〇年前のことである。それなのに、ユダヤ人は一〇〇〇年以上も前に、どうしてこのような戒律をつくったのだろうか。

ユダヤ人は紀元前一五世紀ころ、今のイラク南部のメソポタミアからパレスチナに移住したセム系遊牧民集団の子孫である。その一部はパレスチナからさらにエジプトに移住したが、紀元前一二二八年ころモーゼに率いられてエジプトから脱出し、パレスチナに戻った。紀元前六世紀には新バビロニア王国に滅ぼされて捕虜となりバビロンにつれていかれたが、後にペルシャによって解放された。彼らは、西欧文明発祥の地といわれる古代西アジア一帯を放浪し、さまざまな異民族と接して知識を広げた。ニッダーはこの間に彼らが学びとった生活の知恵であろう。

ニッダーが彼らの素質向上に役立っていることを示した調査報告が、米国医学界でもっとも権威ある雑誌といわれている『ニューイングランド・ジャーナル・オブ・メディシン』に載っている。それはハーバード大学のナガン博士とマクマホン教授[10)]が一九六七年に報告したものである。

彼らは、ボストン市にある四つの病院で、一九三〇年から一九六五年の三六年間に生まれた子どもと、妊娠二〇週以後に流産や死産した胎児の合計三一万一四三七人について、親の宗教別に中枢神経系の先天異常のある子ども（無脳症と脊椎裂）の出生率を調べた。図2—2がその結果である。それによると、一〇〇〇人当たりの発生率は無脳症、脊椎裂ともにユダヤ教徒が低く、カトリック教徒が高かった。二つの異常の合計出生率はユダヤ教徒が〇・七七、カトリック教徒は二・七九でユダヤ教徒の三・六倍であった。プロテスタントは両教徒の中間であった。

カトリック教会は人為的避妊法を認めず、オギノ式のようなリズム法だけを許可している。リズム法で失敗して妊娠すると知能の働きが劣る子どもが生まれやすいことはすでに述べた（三二頁）。中枢神経系の先天異常のある子どもの出生率が三・六倍という数字はリズム法とニッダーの違いによって生じたものと考えられる。

図2-2　母親の宗教と先天異常の子の出生率（1,000人当たり）の関係

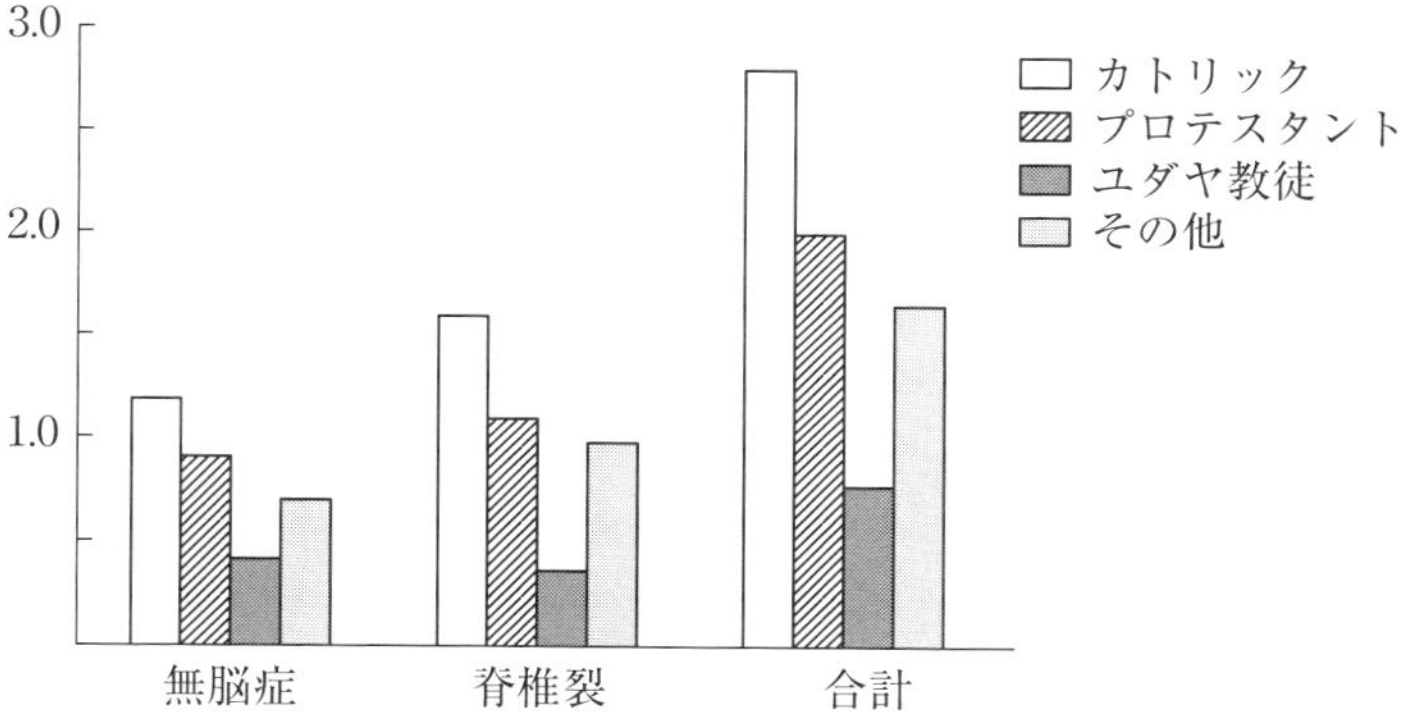

ボストン市における1930年から1965年までの出生児、流産児、死産児の総数311,437人の記録を集計。
L. Nagan & B. MacMahon（1967）の報告より作図

それにしても、文明の進んだ今日でもユダヤ人はニッダーを実行しているのだろうか。これについての正確な調査報告を筆者は知らないが、参考資料としてエルサレム、ヘブライ大学のハルラップ博士がユダヤ女性一万六〇〇〇余人について調べた一九七九年の報告によると、調査した女性の約三七%がニッダーを実行していた。

キリスト教は前述の旧約レビ記の戒めをどのように指導したのだろうか。六世紀ころのキリスト教指導書に性交について次のような説明がある[11]。「夫婦の部屋で秘にすることだから誰にも知れないだろうと思っても、禁を犯して月経期間中に性交すると、手足の欠けた子ども、足萎え、盲目、てんかん病、あるいは、らい病の子どもが生まれ、親が犯した罪は万人の目にさらされることになるだろう」（原文のとおり引用）

キリスト教会も、排卵期からかけ離れた時期（月経期間中）に性交して妊娠すると、奇形児が生まれることを知って戒めたようである。だが、この戒めの禁欲期間は月経期間中にとどまり、月経後の七日間には及んでいなかった。これは、第五章1（一一〇頁）で述べるように、二十世紀初頭、荻野久作がオギノ式避妊法の中で、排卵は月経周期の中ころに起こることを発表するまで、西欧の学者は、「月経直後がもっとも妊娠しやすい」と言ったギリシャの医者ソーラヌスの説を信じていたからであろう。

キリスト教と同じく旧約聖書を基盤としているイスラム教の『コーラン』では、月経と性交の関係についてどう教えているだろうか。『コーラン』第二章二二二節に次のように教えている。

「月経について質問してきたら、あれは一種の病気であるから、正常の身に戻るまでは決してそのような女に近づいてはならぬ。清めがすっかりすんだら、アッラーの言いつけ通りに彼らに接するのだ」（井筒俊彦訳『コーラン』岩波文庫）。出血が完全に止まったら性交してもよい、ということで、さらにその後の一週間性交を控えろとは言っていない。

第3章

健康な精子と卵子をつくるためにできること

1 健全な精子の生産

精子の生産は思春期に始まる

男性は思春期になると精巣で精子の生産が始まる。精子は精巣の精細管のなかで生産される(図3—1)。精細管は内径〇・四ミリメートルで、一本の長さは約七〇センチメートル、両端が精巣網に開口している。一個の精巣には約三〇〇本の精細管がある。精細管の内面には原始生殖細胞から分裂した無数の精原細胞があり、これから精母細胞、精細胞へと分裂して精子となる。

精細管でつくられた精子は管の分泌液とともに精巣網に押し出され、ここから、精巣輸出管を通って精巣上体に入る。精巣上体は蛇行する一本の管である。できあがった精子が、精細管上皮から離れて精巣上体尾部に到達するまで一〇日～一四日かかる。精子はこの間に成熟する。成熟した精子は尾部に蓄えられるが、尾部からさらに精管へ押し出され、精管と精管膨大部にも蓄えられる。

精子の生産は思春期から老年まで休みなく続く。一回の射精で放出される精液の量、精子密度、総精子数はいずれも二十五歳ころ最高に達し、それから四十五歳ころまで最高値が続く。一回に

図3-1　男性生殖器

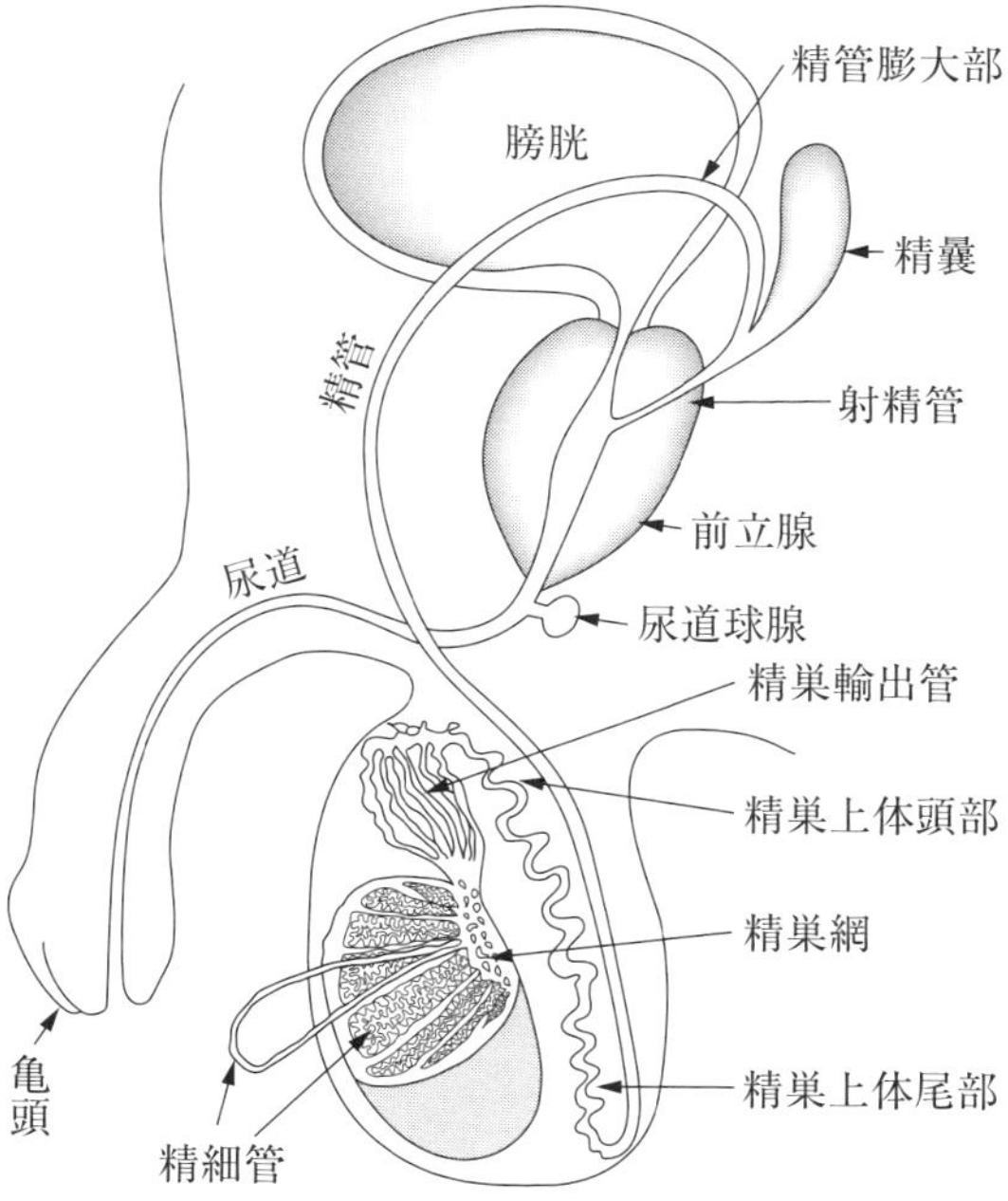

放出される精子数は約三億である。四十五歳を過ぎると徐々に減少する。

毎日休みなく生産されると、精子がたまって精巣がパンクするのではないかと心配になるが、心配無用である。たまった精子は精管を通って尿道に押し出され、知らないうちに尿と一緒に排泄される。

赤ちゃんは励めば励むほどできにくい

R・M・レヴィン[12]らは十八歳から二十五歳の健康な青年一二人に、二一日間毎日一回マスターベーションをさせて精液を採取し、精子数を調べた。結果は、四日以上禁欲したのち採取した精液の精子数を正常値として、これと比較したパーセント値で表し、一九八六年に報告した。

それによると、一回に放出される総精子数は、最初の四日間で正常値の約五〇%まで減少し、五日から二一日までは正常値の五〇%前後で一定した。この結果は、一日の精子生産数が正常値の約五〇%であることを示している。射精回数が一日一回より多いと、放出される精子数はさらに減少して正常値の五〇%以下となる。未成熟精子が多くなり、これと受精した胚は異常胚となって流産するか先天異常として生まれる。

一般に、精子濃度(一ミリリットル当たりの精子数)が四〇〇〇万(平均正常値の六二%)以下になると、流産や先天異常の原因となり、妊娠しにくくなる。二〇〇〇万(平均正常値の三一%)以下になると乏精子症と診断され、普通の性交では妊娠はむずかしい。

レヴィンらが調査した一二人の平均正常精子濃度は一ミリリットル当たり六五〇〇万であるから、性交を毎日一回、五日以上続けると精子濃度は三三〇〇万(正常値の五一%)くらいになる。だから、健康な男性でも毎日一回以上性交を続けると妊娠しにくくなり、流産や先天異常の原因となるおそれがある。「赤ちゃんはまだですか?」と尋ねると、「一生懸命励んでいるのですが……」という返事をよく聞くが、赤ちゃんは励めば励むほどできにくいものである。

快楽のための性交ならば何回でもよいが、子どもをつくるための性交のときは注意しなければならない。

射精によって減少した精子数が正常値まで回復するには三日半かかる。だから、**子どもをつくるための性交を行なうときは、少なくとも本番の四日前から禁欲して精子数を正常値まで回復しておかなければならない。**病院で精子数の検査を受けるときも、四日以上禁欲した後で採取した精液を検査することになっている。

過度な性交は未成熟精子をふやす

二十歳以下の若い女性では自然流産率が高いことが、多くの研究者によって指摘されている。これは生殖機能が十分成熟していないことが原因であろうが、過度な性交による精子の未成熟も原因の一つである。

貝原益軒先生は孫思邈の『千金方』を引用して次のように述べている。

「人、生二十の者は四日に一度漏らす。三十の者は八日に一度漏らす。四十の者は十六日に一度漏らす。五十の者は二十日に一度漏らす。六十の者は精を閉じて漏らさず。もし体力盛んならば一月に一度漏らす。気力優れて盛んなる人、慾念を抑え、こらえて、久しく漏らさざれば、腫物を生ず。六十を過ぎて、慾念おこらずば、閉じて漏らすべからず。若く盛んなる人も、もしよく忍んで、一月に二度漏らして、慾念起こらずば、長生なるべし」

多くの調査によると、現代の日本人の一週間の平均性交回数は一ないし二回である。

第一章2節で紹介したクロス博士の報告[6)]（三〇頁）は、過度な性交が中枢神経系に先天異常のある子どもを出産する原因となることを示している。

クロス博士が報告した一六組の夫婦はほとんどが、週に七回以上、多いものは二一回も性交を続け、無脳症、脳水腫、脊椎裂などの先天異常のある子どもの出産や流産を繰り返していたが、博士の指導に従って過度な性交を慎み、性交を排卵期だけに制限したら、全員が正常児を出産した。

高温は奇形精子をふやす

精子は高温に弱い。精巣の温度が上がると奇形精子が増加し、精子数が減少するので、先天異常の子どもが生まれたり、不妊になる。

鶏など鳥類の精巣は腹腔の中にある。象や鯨の精巣も腹腔内にあるが、人間を含めてほとんどの哺乳類の精巣は体の外にぶら下がっており、挙睾筋によって腹壁につながっている。寒いと挙睾筋が収縮して、精巣は腹壁に引き寄せられて温められる。また、陰嚢の皮膚の内側には肉様膜という筋肉が付着している。寒いと、この筋肉が収縮するので皮膚の表面にしわができ、表面積が小さくなって熱の放散を防ぐ。暑いと、挙睾筋と肉様膜が弛緩するので、精巣は垂れ下がって体壁から離れ、さらに、陰嚢のしわが伸びて表面積が広がり、熱を放散して温度の上昇を防ぐ。

この他にもう一つ温度を下げる仕組みがある。それは、精巣に入る血液と出る血液の熱交換である。図3―2のように、精巣から出る静脈は陰嚢の付け根あたりで蔓のように曲りくねっており、これが精巣に入る動脈と絡み合っている。精巣から出る静脈血の温度は三三度くらいに下がっているが、この絡みの部分で、動脈血の熱を受け取り、三七度まで上昇して、腹腔に帰っていく。熱を渡した動脈血は三三度に下がって精巣に入る。

図3-2　精巣入り口での熱交換

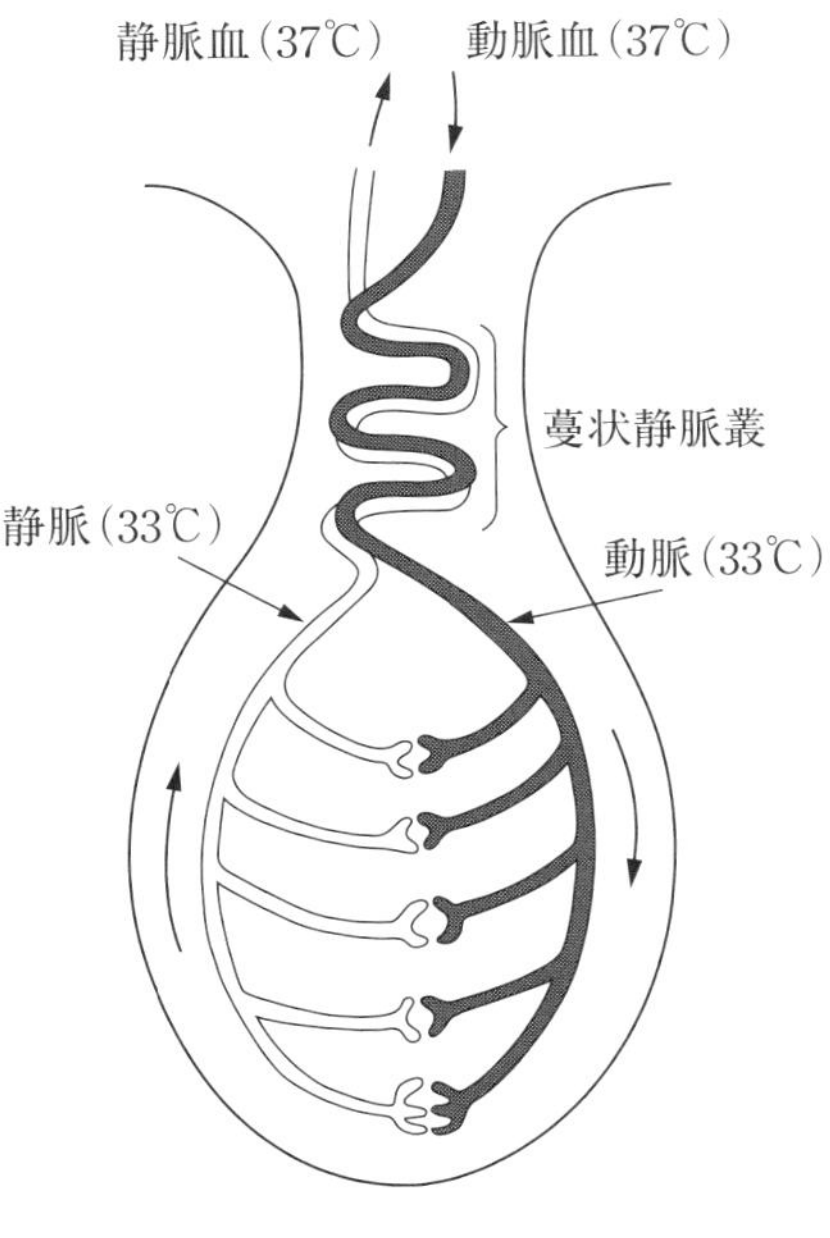

このように、二重三重の仕組みによって精巣温度は体温より四度～八度低く保たれている。もし、体温に近い温度が長く続くと精子の生産は完全に停止する。その証拠に、手術によって精巣を腹腔の中に閉じ込めておくと、精子は全部死んでしまう。

牛は夏になると受胎率が下がる。これを畜産家は夏期不妊と呼んでいる。夏暑くても、雄牛の精巣の温度が上がらないようにしてやれば、受胎率の低下を防ぐことができる。最近では、涼しい季節に採取した精液を凍結保存して夏の種付用に使っている。

人間でも同じようなことが起こる。R・J・レヴィンら[13]の調査（一九八八年）によると、夏期、日中の最高気温が三二、三三度になる米国南部では男性の総精子数が平均一四・五％減少し、残った精子の中の運動精子数も一六・五％減少するという。これは翌年三月～五月の出産率の低下に反映されている。冷房した室内で働く男性では精子の減少は起こらない。

また、温帯地方に住んでいた男性が熱帯地方に移住すると受胎率が下がるともいわれる。海外出張が多くなる日本の会社では、この点についての配慮が必要である。

こんなわけで、平素はともかく、タイミング妊娠のときだけは、夫は熱い風呂での長湯は禁物である。また、ブリーフやサスペンダーは精巣を体に押し付けるから使用しないほうがよい。デカパンを勧める。

精子の生産を低下させる感染症

精子の生産は感染症によって損なわれることがある。成人になっておたふく風邪（流行性耳下腺炎）にかかると、五人に一人くらいの割で精巣炎が起こる。精巣炎で両側の精巣が高熱に冒されると無精子症になり子どもができない。
また、マラリア、結核、ブルセラ症のような消耗性の病気にかかると、栄養やホルモンが不足し、精子は生産の途中で死ぬ。その結果、精子数が減って一時的に不妊になる。

2 卵子の生産過程

卵細胞から受精まで

精子の生産は思春期に始まるが、卵子の生産は胎児期に始まる。胎児の卵巣は妊娠八週に一通りできあがる。このころの卵巣にはすでに一七〇〇個くらいの卵細胞がある。その後卵細胞は盛んに分裂を繰り返し、妊娠一〇週ころにはその数が約六〇万個になる。その後も分裂増殖を続け、妊娠二〇週ころまでに通算一二、三回、体細胞分裂を繰り返して約七〇〇万個に達する。このころがピークで、それ以後卵細胞は淘汰され、出産のころには一〇〇万個くらいに減り、出産後一カ月くらいのうちにさらに五〇万個くらいまで減少する。

こうしてできた卵細胞の中の卵原細胞は発育して大きな第一卵母細胞に変わる。出産時の胎児

図3-3　卵子生産の経過

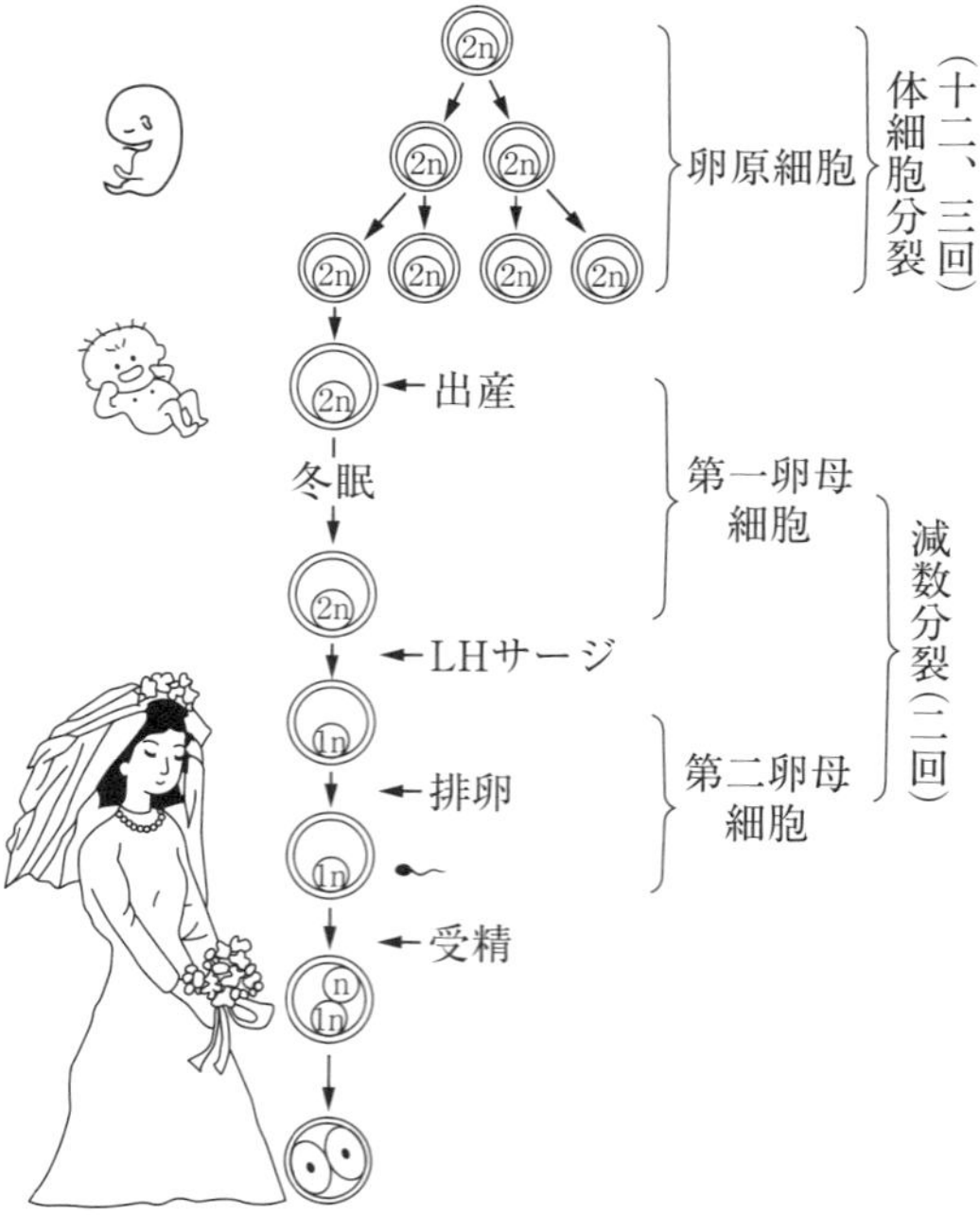

の卵巣内の卵原細胞は、すべて第一卵母細胞に成長して第一減数分裂を開始し、減数分裂前期の段階に達している。

第一卵母細胞はすべて一層の細胞に囲まれた原始卵胞となり、五〇万個の原始卵胞が卵巣表面の膜の下にぎっしり並んでいる。卵母細胞はこの状態で一〇年から五〇年に及ぶ長い冬眠に入る（図3―3）。

思春期が近づくと原始卵胞は順次発育を始める（一一三頁　図5―1）。卵胞は下垂体ホルモンや卵胞ホルモンの刺激を受けて発育し、月経周期が始まる。

月経周期の中ごろLHサージが起こると、多数のグラーフ氏卵胞の中から選ばれた一個の卵胞

（主席卵胞）の第一卵母細胞がＬＨサージの刺激によって誕生以来停止していた減数分裂を再開する。減数分裂で卵母細胞は連続して二回分裂する（七九頁 図3―7）。第一回の分裂で染色体数は四六個から二三個に半減して第二卵母細胞が二個できる。このうちの一個は捨てられて第一極体となり、残った一個が第二減数分裂を行なう。第二減数分裂では、染色体数は変わらない。第二減数分裂の中期まで進んだところで分裂は再び休止し、この状態で排卵する（図3―3）。ＬＨサージは卵母細胞の核の分裂成熟の他に細胞質をも刺激し、細胞質の成熟を完成する。

排卵された卵子は卵管膨大部まで運ばれ、ここで精子が卵母細胞に侵入する（受精）。そうすると、卵母細胞は休止していた第二減数分裂を再開して二個の卵核細胞になる。このうちの一個は小さな第二極体となって細胞外に排出される。残った一個が精子と合体して受精卵となり、人間としての発生を開始する。

高齢妊娠のリスク

女性が三十五歳を過ぎて妊娠すると染色体異常が増えるが、同時に、それ以外の先天異常、たとえば、脊椎裂、小頭症、水頭症、兎唇、口蓋裂、先天性心臓欠陥なども増える。これらの異常は卵子の老化によって起こるが、高齢による母体の変調も原因となる。

胎児の発育には、親から受けた遺伝素質の他に、母の子宮内環境が影響する。その証拠を動物の例で紹介しよう。

シェトランド・ポニー種という身長が九六センチほどしかない小型馬がいる。このポニーの雌に、身長一七五センチで体重一〇〇〇キログラムという大型輓馬のシャイアー種の精液を人工授精して、子馬を産ませる。また、これとは逆に、シャイアーの雌にポニーの精液を人工授精して産ませる。どちらの子馬もポニーとシャイアーの遺伝子が半分ずつ混じった雑種であるから、遺伝子構成は同じようなものである。それなのに、小さいポニー種の母から生まれた子は、大きいシャイアー種の母の腹から生まれた子より小さい。

高齢になると子宮の細胞自身が老化し、ホルモンに対する子宮の反応が鈍くなる。このような子宮は受精卵の着床に十分反応しないので、着床しにくい。着床できても、子宮の分泌活動が衰えているから、胎児の発育が遅れる。さらに、胎盤への血流が低下するので、胎児への酸素供給が減少する。その結果、流産したり、知的障害の子どもや奇形児が生まれることになる。

女性は三十五歳を過ぎると子どもができにくくなる。第一子が生まれたあと、妊娠しないことを一児不妊とかひとりっこ不妊という。最近一児不妊が増えている。その原因は、結婚年齢の高齢化にある。第一子を出産する年齢のピークが最近では二十七歳である。

衛生管理の行き届いた文明国で、適齢期に結婚して無制限に子どもを産むとすると、一人の女性が一生に何人くらい産めるだろうか。

米国北部の南北ダコタ州とモンタナ州、および、それに隣接するカナダに、ハッタール人と呼ばれる農業コロニーを営む人たちがいる。彼らはプロテスタントの一派で、一八七〇年代にスイスから米国に移民してきた。深い信仰心によって結ばれ、避妊も中絶も禁じている。また、経済的理由で子どもの数を制限することのないようコロニー全体が助け合っている。このような条件下で彼らの人口は一八八〇年から一九五〇年の七〇年間に四四三人から八五〇〇人に増加した。

この集団の既婚女性二〇九人の年齢と出産率の関係を調査した報告によると、平均結婚年齢は二十・七歳で、初産年齢は二十二・二歳である。年齢が進むにつれ、出産率は少しずつ低下した。最終出産の平均年齢は四十・九歳で、一人当たりの出産数は平均九・八人であった。

ティーン・エイジの妊娠も安心できない

高齢妊娠では先天異常の子の出産が多くなる。それならば、妊娠は早いほどよいかというと、早すぎるのもよくない。十五歳以下で妊娠すると、四十五歳で妊娠した場合と同じくらい先天異常の子の出産が多い。

初潮期の女性の体はまだ完全にできあがっていない。ホルモンが規則正しく分泌されるまでには四、五年かかる。それまで月経周期は不規則で、排卵が早くなったり遅れたりする。早ければ成熟不十分な卵子が放出され、遅れると成熟しすぎた老化卵子が放出される。どちらの卵子も受精しにくく、たとえ受精しても、流産か先天異常の子の出産となる。とくに、排卵が遅れると卵子が卵巣内で老化を始めるから、第一減数分裂での染色体異常が起こりやすい。月経周期が正常になるまでは妊娠を避けたほうがよい。

3 精子と卵子を遺伝毒物からまもる

突然変異を起こす遺伝毒物

一九二七年（昭和二年）に米国のヘルマン・マラーがキイロショウジョウバエにX線を照射すると変異体が生まれることを発見して以来、私たちは、X線や宇宙線のような放射線は精子や卵子の遺伝子を傷つけ、子孫に突然変異を起こすことを知った。だから、昭和二十年八月、広島に原爆が落とされたとき、被爆者に先天異常の子どもが生まれはしないかと心配したものである。

突然変異を起こすのは放射線だけと思っていたら、原爆の前年の昭和十九年に、英国のアウエルバックとロブソンが毒ガス（イペリット）が突然変異を起こすことを発見し、化学物質にも突然変異を起こすものがあることを知った。だが、毒ガスの製造は国際規約で禁止されており、日常生活とは関係ないので一般の関心を引くまでには至らなかった。イベリットのように、生物の遺伝子に突然変異を起す物質を**変異原**とか**遺伝毒物**という。

日本で遺伝毒物が社会問題となったのは昭和四十八年に起こったＡＦ２事件が最初である。ＡＦ２は優れた食品防腐剤として昭和四十年代の初めころから広く使用されていた。食中毒のうちでもっとも恐ろしいボツリヌス菌に対してすばらしい殺菌効果があるので、豆腐、かまぼこ、ちくわのような練り製品や、ハム、ソーセージなど畜産加工食品の防腐剤として歓迎された。その結果、これらの食品に流通革命を起こしたほどである。たとえば、それまで豆腐屋さんは朝食の味噌汁に間に合わせるため、午前三時ころから起きて豆腐をつくっていた。腐りやすいから前日につくりだめすることができなかったのである。ＡＦ２を使うと二、三日間保存が効くので早起きの必要がなくなった。

ところが、昭和四十六年十二月に、東京医科歯科大学の外村晶教授がＡＦ２に染色体異常を起こす疑いがあることを指摘し、昭和四十八年の第二回日本環境遺伝研究会において、ＡＦ２が変異原である証拠を他の多くの研究者たちとともに発表した。その後さらに発ガン性のあることもわかったので、厚生省（当時）は昭和四十九年以降ＡＦ２の製造と使用を禁じた。この事件によって、私たちは身辺に遺伝毒物があることを初めて知らされたのである。

精子や卵子の優性遺伝子に突然変異が起こると、これが受精して生じた胚や胎児に異常が現われる。異常胚のほとんどは発育の途中で死んでしまうが、もし、出産すると先天異常の子どもとして生まれる。

劣性遺伝子に突然変異が起こると、子どもは健常児として生まれるが、突然変異遺伝子の潜在的保因者となり、変異した遺伝子は子孫へ代々伝わる。同じ変異遺伝子の保因者どうしが結婚して、先天異常の子どもが生まれたとき初めて表面に現われるが、そのときには変異を起こした遺伝毒物が何であったかわからない。

精子や卵子の性染色体に劣性突然変異が起こると伴性遺伝という特殊な遺伝をする。血友病がそれである。

遺伝病を起こす遺伝子で今までわかっているのは、優性のものが五八三種、劣性が四六六種、性染色体性が九三種で、合計一一四二種ある。未確認のものを含めると二三三六種になるそうである。劣性の悪性遺伝子はその民族の遺伝子プールに蓄積されるから、蓄積量が増えると、将来民族の滅亡につながるおそれがある。

遺伝毒物が精子、卵子ではなくて体細胞の遺伝子に傷をつけると、ガンを生じて本人の命を奪うことになる。遺伝毒物の大部分は発ガン物質である。

DNA複製のときが危険

遺伝子の本体は細胞の核にあるDNA（デオキシリボ核酸）である。DNAは二本の鎖がらせん状に絡まった形をしており、二本鎖はA、T、C、Gの四つの暗号文字を三つずつ組み合わせた遺伝暗号で結ばれている（図3—4）。

生物の細胞は遺伝子に組み込まれたこれらの暗号にしたがって酵素をつくり、できた酵素の働きによって目の色が青くなったり、食物を消化したり、考えたりして正常な活動を営んでいる。ところが、遺伝毒物が体内に入ると、細胞核の遺伝子暗号を変えることがある。遺伝子暗号が変わるとつくられる酵素の構造が変わるので、細胞の働きが変化する。その結果、体の構造や生理に異常をきたす。

図3-4　DNAの複製

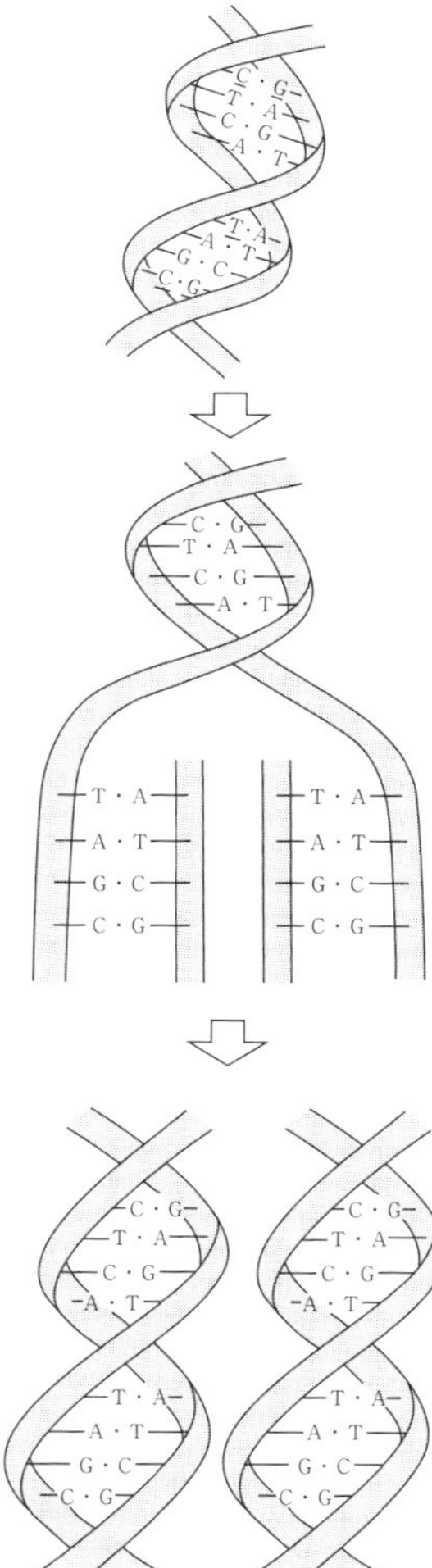

遺伝毒物が遺伝子暗号の変化を起こすのは、細胞が体細胞分裂を行なうときである。細胞は体細胞分裂を始めるに当たって、まず核内で「DNAの複製」ということを行なう。遺伝毒物はこのDNA複製の現場に侵入して遺伝暗号を撹乱する。だから、この時が一番危険なのである。

放射線や遺伝毒物によって遺伝子暗号がたびたび変化すると、生物の種の存続が危うくなる。これを防ぐため、自然は細胞の中にDNAが自らの傷を修理する酵素を備えている。つまり、遺伝子の修理屋を置いているのである。

もし遺伝子が傷つくと、ただちに修理屋が出動して傷を修理し、遺伝子の働きを正常に戻す。しかし、遺伝毒物の毒性が強くて傷が大きいと、修理しきれないで傷が残り、突然変異遺伝子となる。細胞が老化すると修理屋の能力が低下する。年を取るとガンにかかりやすいのは、修理屋の力が衰えるからだと考えてよかろう。

夫は四カ月前から、妻は二〇週まで遺伝毒物を避けよ

精子の生産は思春期に始まって老年まで日夜休みなく続く。この間、図3—5に示すように、基幹細胞から精子までの精子生産過程が一定のペースで続々と進行する。

基幹細胞が分裂を開始して八個の精原細胞ができるまで二八日、精原細胞が成長して第一精母細胞となり、減数分裂を二回行なって精細胞となるまで二三日、精細胞が変形してオタマジャク

図3-5　精子の生産

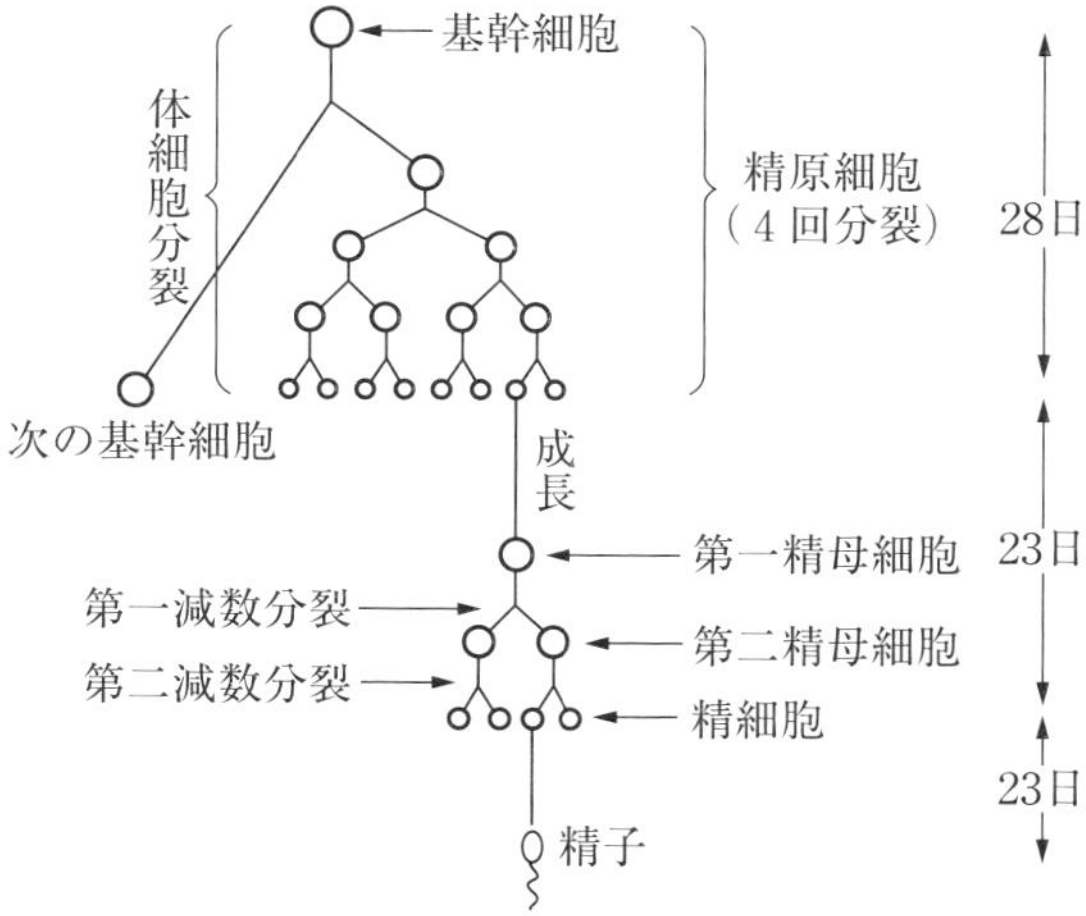

シ型の精子となるまで二三日、そして、でき上がった精子が精巣上体尾部まで運ばれるのに一〇日ないし一四日かかる。

最初の分裂で二個に分かれた基幹細胞のうちの一個は次回の精子生産の基幹細胞として保留されるから、精子の種は尽きることがない。

精子生産過程でDNAが複製されるのは、精原細胞が体細胞分裂を三回行なうときである。そのあとに続く減数分裂ではDNAの複製は起こらないから、第一精母細胞から精子になるまでの間は遺伝毒物の影響をほとんど受けない。

思春期以後の精巣内では、無数の精原細胞が絶えず体細胞分裂を行なっている。だから、遺伝毒物が体内に入ればいつでもその害を受けるおそれがある。だが、平素はこれを気にしなくてよい。被害細胞は遠からず精子となって体外に排泄される。しかし、生殖のための性交のときは注意が必要である。

傷害を受けた精原細胞が精子になって射精されるまでに、早くて五六日（二三＋二三＋一〇）、遅いものは八八日（二八＋二三＋二三＋一四）かかる計算になる（図3—5）。だから、タイミング妊娠のための性交を行なうとき、男性はその三カ月前から二カ月前までの間、遺伝毒物の影響を受けないよう注意しなければならない。ただし、完成した精子は精巣上体尾部と精管、精管膨大部に蓄積されるから、四カ月前くらいから注意が必要である。

卵子の生産過程で遺伝子のＤＮＡ複製が行なわれるのは、胎児期の妊娠八週から二〇週までの胎児卵巣内で卵原細胞が盛んに体細胞分裂を繰り返す時期である。

その後、出産、成育、思春期、月経周期、排卵、結婚、受精、妊娠というイベントが続くが、誕生から受精するまでの二、三〇年間卵子の核は減数分裂の途中で停止した状態が続く。この間ＤＮＡの複製は起こらない。

したがって、胎児期に母親が大量の遺伝毒物を摂取するとか、少量でもたびたび遺伝毒物を摂取するということがあると、胎児の卵巣の中にある卵細胞の遺伝子が傷つくことになる。男の場合は成人した後、自分で遺伝毒物に注意しなければならないが、女の場合は母親が体内の娘の卵子をまもってやらなければならない。

卵子は遺伝毒物に犯されやすい危険な時期を母親の体内で過ごす。このように、卵子は特別の保護を受けている。なぜか？　精子は外界から害作用を受けても、受精するのは三億の中の一個である。しかも、射精されてから卵管膨大部に到達するまでに関門が二箇所あり、ここで異常精子をふるい落とす。だから、傷害精子が受精する確率は非常に小さい。だが、卵子は一個である。これが障害を受けると確実に受精胚は異常胚となる。

遺伝毒物に注意しなければならないのはこの他に、女性の体内で胚が発生する最初の一週間である。この時期、受精胚は盛んに体細胞分裂を行なって発育するから、ＤＮＡの複製が盛んに行なわれ、遺伝毒物の害を受けやすい。発生初期の胚の細胞は将来あらゆる器官に発達する。このような未分化細胞の遺伝子が傷つくと、精子や卵子の遺伝子が傷ついたと同じくらい影響が大きいので、この時期にも遺伝毒物に注意が必要であるが、これは妻の役割である。

夫婦でタイミング妊娠を計画したならば、**夫はタイミング妊娠の四カ月前からその日まで、妻は性交の日から一週間、たばこ、医薬品、食品添加物など、遺伝毒物の疑いがあるもの、そして、X線照射をできるだけ避けるよう注意しなければならない。**人間の精子は動物の精子よりもX線照射の影響を三、四倍も受けやすいといわれている。X線技師はこのことをよく心得ているから、精巣にX線が当たらないよう注意している。

次の項で述べるが、女児を妊娠すると、胎児期の卵巣内で卵子の生産が始まり、卵子の体細胞分裂が妊娠二〇週ころまで続くから、**けっきょく、妻は性交の日から妊娠二〇週過ぎまで遺伝毒物に気をつけなければならないことになる。**

満ち溢れる遺伝毒物

今まで話題になった遺伝毒物だけでもかなりの数に上る。

食品の防腐剤では、まず第一にＡＦ２がある。ＡＦ２が禁止され、代わって使用された過酸化水素にも遺伝毒性があることがわかったので、ただちに使用が禁止された。昔から使われている亜硝酸塩は遺伝毒物といわれながらいまなおハム、ソーセージ、ベーコンの製造に使われている。西欧で一〇〇〇年以上も使われてきた実績だろう。亜硝酸塩は防腐作用の他に、ハムやベーコンに特有の赤褐色を発色して食欲をそそる効果がある。

食品の着色剤には赤色三号、一〇四号、一〇五号など遺伝毒物が多い。人工甘味料のチクロはすでに使用禁止になっているが、サッカリンは使用されている。ピーナッツのかびが生産するアフラトキシンは強い遺伝毒物である。このかびはトウモロコシや豆腐、豆類、畜産食品にも生える。

嗜好品ではコーヒーにカフェインが、たばこにはタールや三、四—ベンツピレン、ジメチルニトロソアミンが含まれている。いずれも強力な遺伝毒物である。これらの遺伝毒物は肺や喉頭にガンを起こすだけでなく、消化器や胎盤の細胞のＤＮＡを傷つけることがわかっている。

化粧品の合成香料や口紅のごとき合成色素、合成毛染剤には遺伝毒物が多く、皮膚や肺を通して体に吸収される。

医薬品の遺伝毒性は、発売前にかなり厳しく調べられている。かりに遺伝毒物の疑いがあっても目前の病気を治すためにぜひとも使わなければならないことがあるので、条件をつけて製造供給されている。だから、政府が製造を許可している医薬品はすべて白というわけではない。

農薬ではＤＤＴなど遺伝毒性の疑いのあるものが多い。現在、わが国ではＤＤＴは使用禁止となっているが、家庭園芸に使われる殺虫剤、殺菌剤にも気をつけなければならない。

環境汚染で槍玉にあがった三、四―ベンツピレンは石油に含まれており、自動車の排気ガスや石油製品にも含まれている。たばこの煙も私たちの周辺にタールやベンツピレン、ジメチルニトロソアミンをばらまいている。水俣病のメチル水銀、イタイイタイ病のカドミウムは、母親の体内に入ると胎児の脳の発育障害や奇形を起こすが、さらに、染色体異常も起こす。住宅の新建材や家具から出るホルムアルデヒドも遺伝毒物である。除草剤やゴミ焼却場でみられるダイオキシンは強力な毒物である。ベトナム戦争で米軍が空から散布した除草剤にはダイオキシンが混入していたといわれ、戦後ダイオキシンが原因といわれる奇形児が多数報告されている。

ここにあげたものは今までに話題となった薬物であり、遺伝毒物のほんの一部にすぎない。発ガン性の疑いがある化学合成品は一応遺伝毒物とみて警戒しなければならない。タイミング妊娠の期間には、合成化学製品はすべて遺伝毒物であるとみなすくらいの心構えが必要である。

4 染色体異常を避けよう

染色体異常とは

ダウン症という先天異常がある。これは染色体の数が正常より一本多いために起こる異常で、数の異常によって起こる染色体異常である。この他に、染色体の一部が欠けるというような構造異常による染色体異常もある。数の異常から先に説明する。

生まれてくる染色体異常でよく知られているのは、ダウン症の他に、ターナー症候群とクラインフェルター症候群がある。

人間の染色体は図3―6に示すように、二本ずつ対をなす同じ形の染色体が二二対と一対の性染色体からなり、合計四六本ある。性染色体に対し二二対の染色体を常染色体という。対をなす染色体が一本しかないとか、三本以上あるというように、染色体の数が正常と異なると染色体異常である。このような染色体異常を異数体という。この他に、倍数体（たとえば三倍体）という染色体異常がある。

ダウン症では二一番目の染色体が三本ある。クラインフェルター症候群では性染色体がXXYと三本ある。このような染色体異常をトリゾミーという。同じ染色体が三本あるという意味である。ターナー症候群では性染色体がX一本だけである。対をなす染色体が一本しかないものをモノゾミーという（図3―6）。発生の際にさまざまな染色体異常胚ができるが、そのほとんどが妊娠初期に死ぬ。

ダウン症の胚や胎児も大部分が妊娠一二週までに流産するが、一部の胎児は障害を克服して生まれてくる。ダウン症は知的発達の遅れを伴う。その症状を初めて医学的に記録したラングドン・ダウン氏は、白人のダウン症患者の容貌が東洋人（モンゴロイド）の容貌に似ていることから、蒙古症と名づけた。しかし症状が東洋人と特別な関係があるわけではない

図3-6　人間の正常染色体（男）と染色体異常

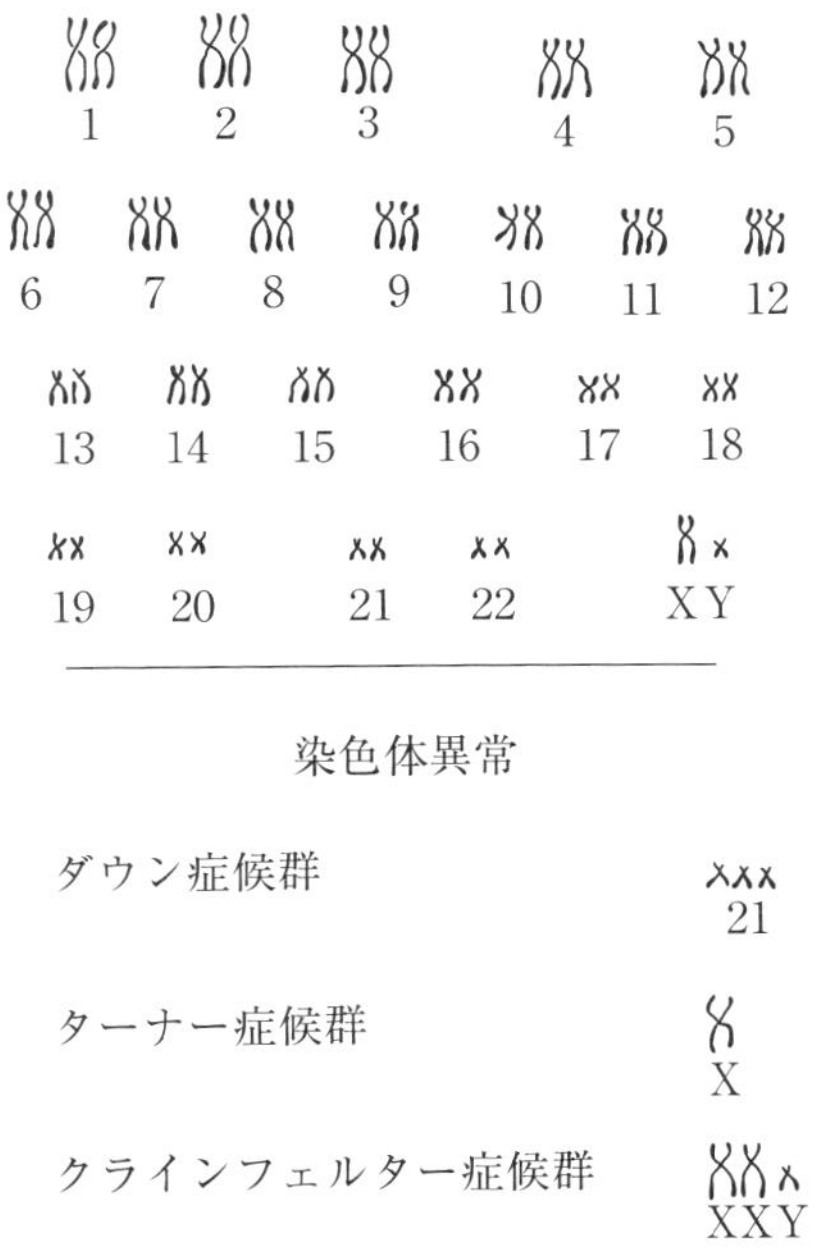

から、東洋では発見者の名をとってダウン症と呼んでいる。

ターナー症候群は外見は女性でありながら卵巣がない。たとえあっても十分発育しないので、思春期になっても月経がなく、二次性徴が発達しない。身長が低いのが特徴である。二五〇〇人の女児に一人の割で生まれる。

クラインフェルター症候群は、精巣の発達が悪く精子ができない。反対に乳房は女性のように豊かである。少年時代には気づかず、思春期になって初めて異常に気づくことが多い。約四〇〇人の男児に一人の割で生まれる。

卵子、精子の老化は染色体異常を招く

染色体異常の原因について、動物ではいろいろあげられているが、人間では生殖細胞、すなわち卵子と精子の老化とアルコールが指摘されている。

生殖細胞の老化が染色体異常の主な原因であることを最初に気づかせたのは、高齢出産にダウン症児の出産率が高いという調査報告であった。女性が三十五歳を過ぎて妊娠すると流産率が急に高くなり、しかも、流産胎児に染色体異常が増える。これと並行してダウン症児の出産率が高くなる。

統計によると、ダウン症児の出産率は、母親の年齢が二十歳未満なら一五〇〇人に一人、二十

五歳から二十九歳までは一一〇〇人に一人、三十歳から三十四歳までは八八〇人に一人であるが、三十五歳から三十九歳までは二五〇人に一人となり、三十五歳を過ぎると急に高くなる。四十〜四十四歳では一二〇人に一人、四十五歳以上では五〇人に一人である。

ダウン症の約七〇％は卵子の第一減数分裂の異常によるもので、一二％が精子の第一減数分裂の異常による。残りが第二減数分裂の異常で、卵子が一〇％、精子が八％である。

本章第二節の卵子生産過程（五九頁）で述べたが、卵子の第一減数分裂は出生時から分裂前期の状態で長い間休止し、排卵前に再開して、排卵前の二〇時間くらいの間に進行する。ダウン症の七〇％が卵子の第一減数分裂の異常によることと、三十五歳を過ぎるとダウン症児の出産が急に増加するということは、卵子の老化によって起こる第一減数分裂の異常が、排卵前の染色体異常の原因であることを示唆している。

私たちの体の細胞は分裂を繰り返しながら、たえず新しい細胞に生まれ変わっている。ところが、卵子と神経細胞と心臓の細胞の三つだけは生まれたときの細胞が、分裂しないで、そのまま生涯生き続けるのである。

この三種類の細胞のうちで、休みなく働き続ける心臓の細胞は、寿命が一番長い。心臓の多数の細胞が老化したら一生の終わりである。脳細胞は三十歳ごろから少しずつ老化が始まる。六〇歳を過ぎると老化速度が速くなりボケが始まるが、たえず頭を使っていると年をとっても老化しにくいものである。ところが卵子は、五九頁で述べたように、出生時にすべて第一卵母細胞の段階に到達しており、この状態で、出生時から排卵の順番がくるまで卵巣の中で静かに出番を待っている。その間まったく活動しないから、三種類の細胞の中で一番早く老化が始まる。

哺乳動物の雌で、人間ほど生殖年齢の長いものは珍しい。雌ネズミの生殖年齢の上限はわずか一年余りである。雌牛は十四歳、雌馬でさえ二十歳が限度である。しかるに女性は四十五歳ころまで続く。

調査によると、五十歳の女性の九〇％以上がなお排卵しているが、この年齢で排卵される卵子の年齢は女性の年齢と同じ五十歳であるから、老化が甚だしく、たとえ受精しても分娩まで発育することは珍しい。

高齢女性の卵子は卵巣内にあるときすでに老化に向かっているので、排卵後の老化速度も早い。だから、高齢になって妊娠を希望する場合は、性交のタイミングにいっそうの注意を払い、これによって少しでも高齢のハンディキャップを埋め合わせるほかに道はないだろう。

染色体異常は減数分裂のとき起こる

減数分裂は精子と卵子が生産される過程で行なわれる特殊な細胞分裂で、母細胞（第一母細胞）が二回連続して行なう分裂である（図3―7）。

図3-7　減数分裂

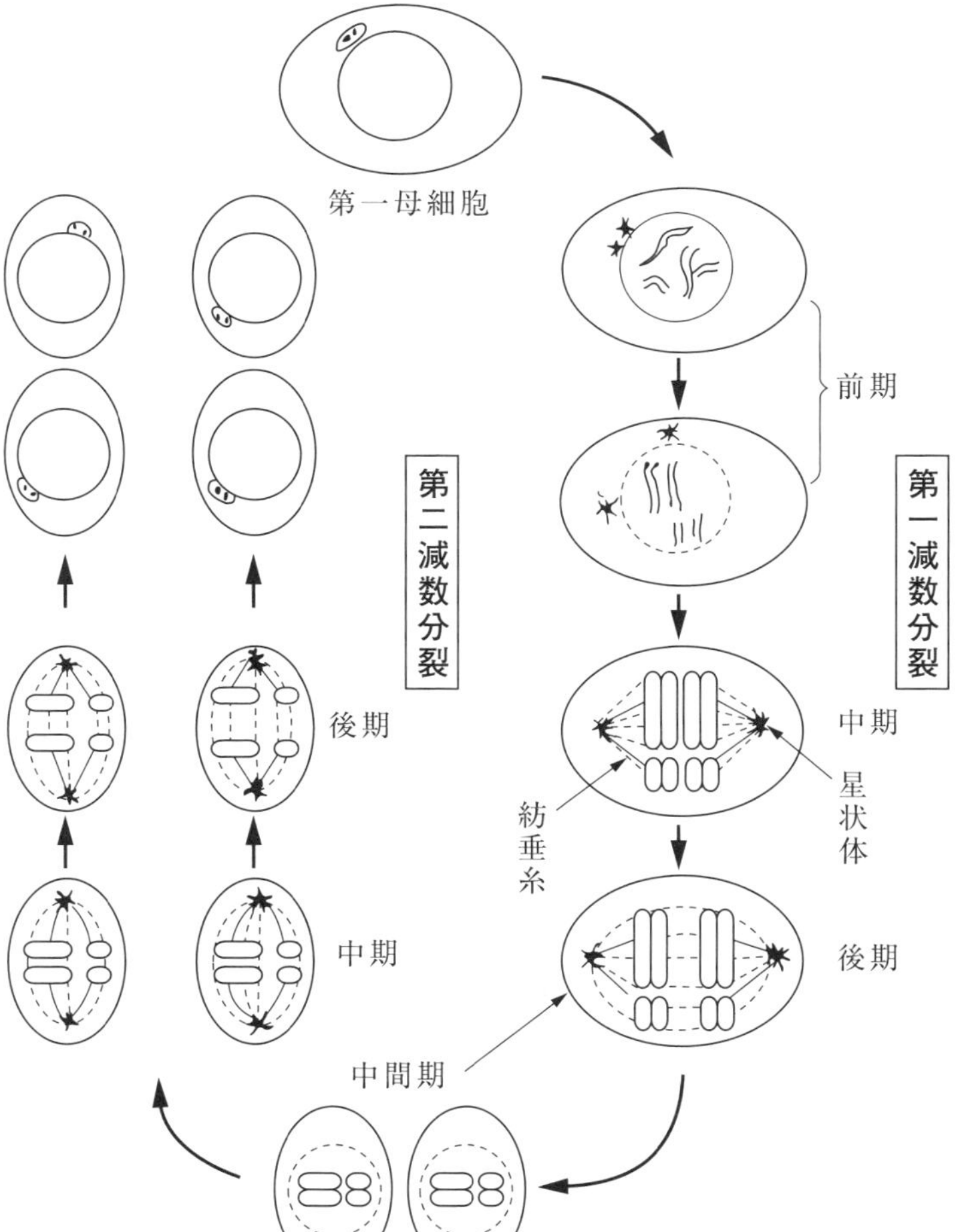

第一回の分裂では、対になった染色体（相同染色体）が向き合って中央に並び、互いにその一部を交換し合ったのち（交叉）、紡錘糸という糸が現われて染色体に付着する。次に、染色体は紡錘糸に引かれて左右に分かれる（第一減数分裂）。こうして、二つの第二母細胞ができる。この分裂で染色体数は四六個から半数の二三個に減る。第二母細胞は短い中間期に続いてもう一度分裂を行なう。これを第二減数分裂という。第二減数分裂では染色体の数は変わらない。

卵子では第二母細胞のうちの一個だけが、第二減数分裂を行ない、他の一個は捨てられて第一極体となる（六〇頁図3—3参照）。精子の場合は、二個の第二精母細胞が共に第二減数分裂を行なうので四個の精子ができる（図3—5）。

第一減数分裂のとき、核の分裂構造、とくに紡垂糸が変性していると、一本ずつ左右に分かれるべき相同染色体が分かれないで、相同染色体を二本もつ細胞と、それをもたない細胞ができる。こうしてできた精子や卵子が正常な相手と受精すると、トリゾミーやモノゾミーの胚ができる。精子ではトリゾミーとモノゾミーは同数できるが、卵子ではいずれか一方だけが卵子として残り、片方は極体となって消える。モノゾミーは着床できないから、すべてオカルト妊娠で終わる。ただし、ターナー症候群は例外である。

トリゾミーが起こりやすいのは一三番から二二番までの小型染色体である。とくに一六番染色体に多く、全体の三分の一を占める。これに続いて二二番と二一番染色体に多く、いずれも約一

○%である。一六番と二二番のトリゾミーは全部流産する。二一番のトリゾミーも大部分は流産するが、まれに生まれるものがある。これがダウン症児である。

三倍体というのは、正常では二本ずつ対になって存在する相同染色体が、三本ずつあって、合計六九本の染色体をもつものをいう。倍数体の一種である。三倍体の四分の三以上は父の染色体を一組余分にもっている。これは二個の精子が一個の卵子に侵入した結果生じたものである。

母の染色体を一組余分にもつ三倍体は、排卵した卵子の受精が遅れて、卵子が老化したとき起こりやすい。もう少し詳しくいうと、受精すると卵子は第二減数分裂を再開して二組の染色体ができる。このとき正常な卵子では、このうちの一組が第二極体となって卵細胞の外へ放出される。ところが、老化卵子ではこれを放出できないので、二組の染色体をもつ卵子となる。これに精子の染色体が合体すると受精卵は三組の染色体をもつ三倍体となる。

三倍体は全部流産し、生まれることはない。きわめてまれに三倍体が生まれることがあるが、体の欠陥がはなはだしいので生後数時間で死ぬ。植物では三倍体でも生育できるが、不妊である。これを応用したのが種なしスイカである。このスイカは実が大きく種がない。

どんなとき核の分裂構造に変性が起こるかというと、精子や卵子が老化しているとか、酒を飲んでアルコールが精巣や卵巣に回っているときなどである。

初夜の飲酒は慎もう

古代スパルタでは障害児を産まないために新郎、新婦は初夜に酒を飲んではならないと教えたそうである。彼らは性交時にアルコールを飲むと先天異常の子どもが生まれることを経験的に学んでいたのだろう。

このことは二十世紀になって初めて生物学者がネズミを使って証明した。彼らは、排卵された卵子が受精すると第二減数分裂を始めるので、この時期に母ネズミにアルコールを与えた。すると、生まれた子ネズミに染色体異常が起こった。

タイミング妊娠のための性交を実行する時期に減数分裂が起こるのは卵子だけである。このとき射精される精子の減数分裂は一カ月前にすでに終わっているから、このときの男性の飲酒は差し支えない。たとえ精液に微量のアルコールが混じったとしても、子宮へは届かない。

構造異常による染色体異常

染色体異常には、数の異常のほかに、構造の異常によるものがある。染色体の一部がちぎれ、切れた破片が失われたり（欠失）、同じ染色体の他の部分に位置を変えたり（転位）、もとの位置に逆さにくっついたり（逆位）、あるいは、他の非相同染色体と互いに断片を交換したりする

（相互転座）。このような異常も染色体異常である。

男性の中には二万人に一人くらいの割で、性染色体がＸＸ型の人がいる。このような男性は外見は男で、外部生殖器も男性型である。しいて違う点をあげると、陰囊の中の玉が普通より小さいことくらいである。だから、日常生活では気づかないが、結婚して子どもができないことから、病院で検査を受けて初めて、健常な男でないことを知る。精子はないか、たとえあっても、数が少ないので子どもはできない。

このような人は性染色体がＸＸ型であるから当然「女」になるはずであるのに、なぜ「男」になったのだろうか。それはこの男性の染色体に精巣決定遺伝子が付着しているからである。なぜそんなことになるか、これについて説明する。

図３―８のように精巣決定遺伝子はＹ染色体の端に存在する。この部分が放射線などで傷つくと、切れて離れ、Ｘ染色体や常染色体に付着することがある。人間ではＸ染色体に付着することが多い。このような染色体が入ったＸ精子が正常の卵子と受精すると、ＸＸ型男児が生まれる。

この切れ端は小さいので、顕微鏡では見えない。最近、精巣決定遺伝子を見つける探索用のＤＮＡがつくられており、これを使って異常を簡単に発見できる。

染色体が切れても、切れた断片が他の非相同染色体と相互交換して、染色体の総量に増減がなければ、健常児として生まれる。だが、この構造異常は子どもに遺伝するので、孫に構造異常に

図3-8　染色体の構造異常によるXX型男性

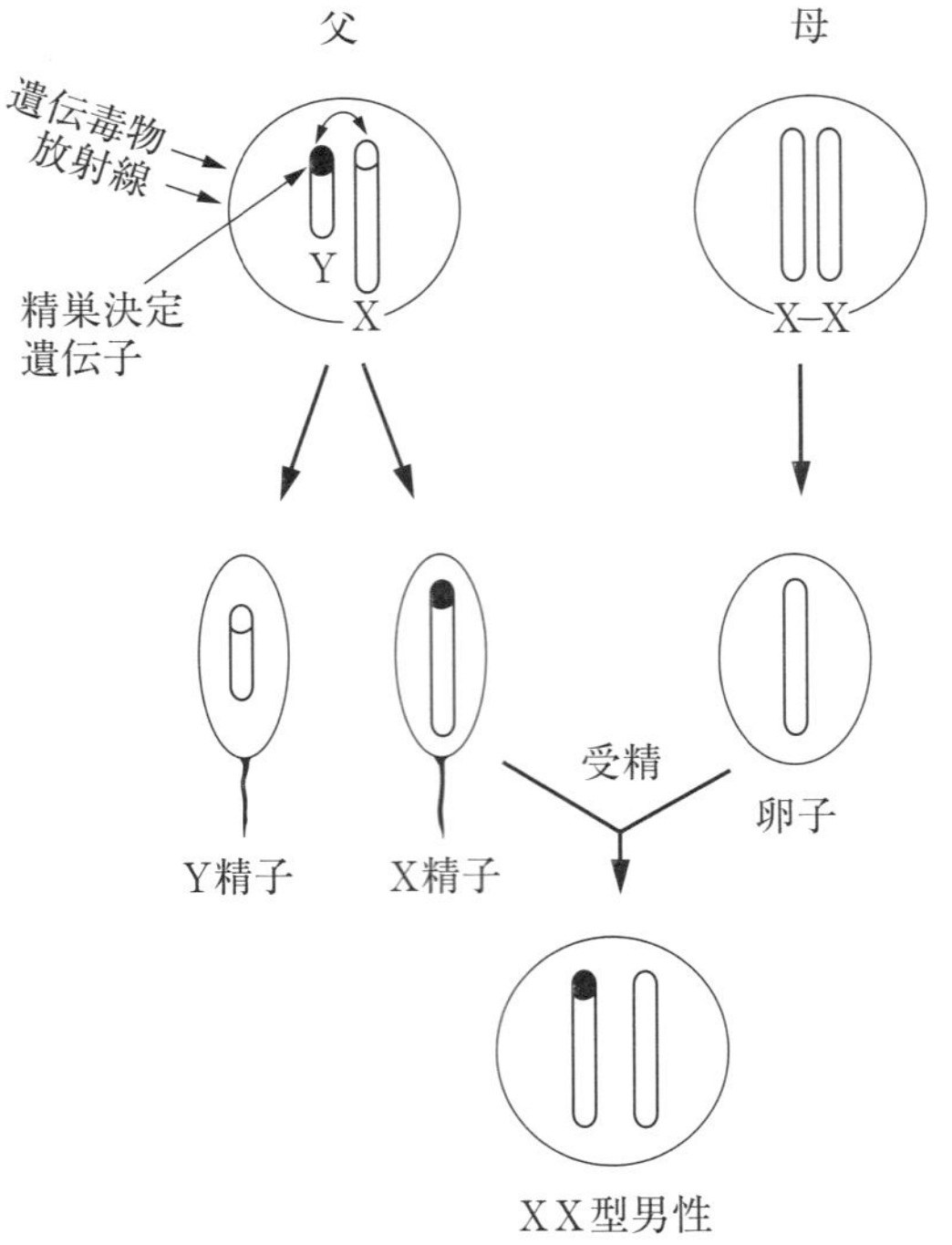

よる染色体異常が現われるおそれがある。実際、構造異常による染色体異常のために流産した胎児の半数はこのような親から生まれている。しかし、構造異常による染色体異常胚はほとんどがオカルト妊娠で終わり、流産に至るまで発育することは少ない。このような異常胚は全部あわせても流産胎児全体の約四%にすぎない。

XX型雄は犬や家畜でも起こる。四〇年ほど前から日本の都会に住むイエバエにXX型雄が増え始め、現在では大半がXX型雄だそうである。これは日本だけの現象である。イエバエが群がる場所といえば台所廃棄物である。日本の食品や台所用品には、染色体切断を起こすような遺伝毒物が多いのだろうか。早く原因を明らかにしてもらいたいものである。

構造異常をつくる遺伝毒物や放射線

体細胞分裂のとき遺伝毒物や放射線によって遺伝子に傷がつくと、その部位で染色体がちぎれやすくなり、構造異常の原因となる。

米国のミネソタ大学のJ・ユーニス教授らによると、人間の染色体にはちぎれやすい部分が五一箇所もあるそうである。精子や卵子の染色体がちぎれると染色体異常になるが、体細胞の染色体がちぎれるとガンになるおそれがある。これは、染色体上のガン抑制遺伝子が乗っかっている部分がちぎれて失われるからだろうと説明されている。

人間の体細胞は染色体異常を起こしやすいらしい。染色体は普通リンパ球を使って調べるが、普通の人で一個のリンパ球に染色体異常が八個くらいあるといわれている。

旭川医科大学の美甘和哉教授らが健康な青年の精子の染色体異常を調べた報告によると、個人差が大きいが、全精子の平均一四・二%に染色体異常があり、その約九割が構造異常であったということ。

構造異常による染色体異常を避けるには、遺伝毒物を避けなければならない。その注意時期は、卵子と精子が体細胞分裂を行なうときで、母親は妊娠中、父親はタイミング妊娠前の四カ月間である。

染色体異常は他人事ではない

コペンハーゲン大学のＪ・ラウリッツエン博士[15]は、一九七五年から一九八〇年までに発表された四研究グループの総計三〇四〇の自然流産胎児の染色体資料を、妊娠月齢ごとに集計して報告している。それによると、流産胎児の染色体異常出現率は、妊娠六カ月流産胎児では約七％、妊娠五カ月は一三％、四カ月は四四％、三カ月（妊娠一二週）までの流産児では六〇％であった。妊娠初期に近いほど染色体異常の出現率が高くなっているので、オカルト妊娠胚の染色体異常率はさらに高いだろうと博士は推測している。日本では、虎ノ門病院の佐藤孝道博士らが、妊娠一二週までの自然流産胎児一六七例の染色体型（核型）を調べ、そのうちの一一〇例、すなわち六五・九％が染色体異常であったこと、そして、トリゾミーがもっとも多く、母の年齢が高くなるほど増加することを一九九一年に報告している。早期流産胎児の染色体異常率は外国の調査と同じように、日本でも六〇％以上であった。

タイミングを考えないで子どもをつくると、一人の健常児を産む陰で少なくとも一人の染色体異常児があなたの腹のなかでオカルト妊娠として消えている計算になる。染色体異常は他人事ではない。

このように、成り行きまかせの妊娠では染色体異常胚を妊娠する確率が非常に高い。しかし、それはわれわれ夫婦の間で普通に起こっていることであり、染色体異常胚はそのほとんどが死滅している。これを別の角度から見ると、染色体異常についてはとくに気にする必要はない、ともいえる。ただこのような妊娠を繰り返すと、いつまでも子どもができないということになり、むしろこのほうが問題である。

母体血清マーカー検査による胎児診断

ミスタイミングの可能性が高いとか高齢妊娠のため、先天異常の子を出産する心配があるとき、それを調べる予備検査として「母体血清マーカー検査」がある。

胎児はα―フェトプロテイン（ＡＦＰ）という胎児特有の蛋白質を肝臓でつくっている。その血清濃度は、妊娠一〇～一三週ころピークに達し、その後減少して、生後八週には検出できない濃度になる。だから成人では検出できないが、肝臓ガンに罹るとＡＦＰ濃度が著しく増加するので、肝臓ガンの診断に使われている。

女性が妊娠すると妊娠一〇週ころ血液中にＡＦＰが現われ、その後増加して、三一～三二週ころピーク値に達し、以後減少する。この母体血清ＡＦＰ（ＭＳＡＦＰ）は胎児がダウン症であると、健常児妊娠に比べて低いことが発見され、さらに、二分脊椎裂、脳水症、無脳症のような中枢神経系の先天異常があると一二週から一四週の間のＡＦＰ値が異常に高いことがわかった。そこで、これらの時期の母親の血清中のＡＦＰとｈＣＧと卵胞ホルモン（エストラジオール）の三つの指標（マーカー）の濃度を調べることによって、胎児がダウン症あるいは中枢神経系の先天異常である危険率を算出することができる。

この検査で、ダウン症や先天異常の可能性が非常に低いという結果がでたら一応安心できるが、この検査ではダウン症の三割が見落とされるので、正常値であっても絶対にダウン症でないという保証にはならない。もしダウン症の危険率が高いという結果が出たら、羊水検査（妊娠一四〜一七週）によって、染色体異常の有無を確認する。ダウン症の場合これらの検査で発見できるのはダウン症全体の三割くらいといわれる。

女性の就職が増えるにしたがって結婚年齢が高齢化する。また、社会的ストレスが大きいので生理不順が多くなり、ミスタイミング妊娠が増える。その結果、ダウン症児出産の不安は今後ますます高くなるから、この検査に対する需要が増えるだろう。その一方で、この検査は先天異常のある子どもの生命を選別する検査であるという非難の声が一部であがっているが、倫理の問題はここでは言及を控えたい。ただ、タイミング妊娠法によって、このような検査を必要としない妊娠をしたいものである。

第4章

受精前後の精子・卵子の老化

1 射精された精子の行方と老化

膣から子宮まで

精巣で生産された精子は精巣上体尾部に運ばれてここに蓄えられる。一部はさらに精管へ押し出され、精管壁から分泌される微量の液の中で蓄えられる（五三頁図3―1参照）。これらの精子はすでに完全な運動能力をもっているが、液が弱酸性のため動かない。

性交すると、精子を含んだ精液が膣の奥に向かって勢いよく放出される。これを**射精**という。射精に先立って、尿道球腺から分泌される少量の液が放出される。この液は精液が通る尿道をあらかじめ洗浄する。続いて、精液が二、三回に分けて放出される。

射精するとき精嚢腺と前立腺から液が分泌され、精液の液状成分となって精子を運搬する。前立腺液はアルカリ性で、精液を酸性からアルカリ性に変える。アルカリ性に変わると精子は活発な運動を始める。しかし、この精子を卵子に振りかけても受精しない。なぜなら、この段階の精子には生理的留め金が幾重にも掛かっているので受精能力がない。精嚢腺液の働きについては卵管峡部の項（九四頁）で説明する。

一回の性交で放出される精液の総量は三～五ミリリットルで、一ミリリットル中に七〇〇〇万から一億個の精子が含まれている。だから、一回の性交で二億から五億くらいの精子が膣内へ放出される。

射精された精液は膣内でゼリー状に凝固する。膣内は酸性であるため、精子にとって有害であるが、精液は凝固することによって、精子を酸性の害から守り、さらに、流失を防ぐ。

子宮頸管には頸管壁の腺腔から分泌される粘液が充満している。これを**頸管粘液**という。ゼリー状の凝固精液は頸管の入口で頸管粘液の表面に付着する。精液は弱アルカリ性であるが、頸管粘液はそれよりもアルカリ度が少し高いので、凝固精液と頸管粘液の接触面にアルカリ度の勾配ができる。凝固精液中の元気な精子はアルカリ度の高い頸管粘液の方へ一斉に泳ぎだし、頸管粘液内に侵入する。これらの精子は頸管壁の腺腔や子宮に向かって進む。一方、膣内に残った凝固精液は五分くらい経つと液状化を始め、二〇分後には全部液化する。

射精された全精子のうち子宮頸管に進入するのは一％にも満たない。九九％以上が膣内に残り、凝固精液が液化すると膣から流れ出る。このとき少数の精子が膣内に残るが、射精後三五分以上経つと膣内に残った精子は頸管粘液を通過する能力を失う。

頸管粘液は、稀薄な液状粘液と濃厚な繊維状粘液から成る。排卵期には繊維状粘液が、子宮方向と頸管壁の腺腔方向に並行に並んで、精子を導く。精子は粘液繊維に沿って液状粘液の中を一分間に二、三ミリの速度で泳ぎ、一直線に子宮や腺腔に向かって進む。子宮頸管の長さは約二・五センチで、精子は約一〇分で通過して子宮に入る。ただし、受精に十分な数万の精子が子宮に入るには一時間半くらいかかる。このとき精子は頸管粘液の中を自力で通過しなければならないから、元気で強い精子だけが子宮や腺腔に入り、弱い精子や奇形の精子は膣内にとり残される。頸管は精子にとって最初の関門である。

頸管壁の腺腔は粘液を分泌する。精子には快適な休憩所である。ここに入っておれば白血球に食われることもなく、運動を止めて静かに休むことができる。腺腔に入る精子は一〇〜二〇万個で、この数は最初の二四時間変わらないが、その後放出されて減少し、四八時間後には三分の二になる。頸管の腺腔に入った精子は約二日間ほぼ完全な受精能力を維持している。なかには五、六日間受精能力を維持するものもあるが、ここに貯蔵される精子は受精には関係しないようである。

子宮に入った約一〇万個の精子は子宮の収縮運動によって一気に子宮の分泌液と混ざり、子宮内部全体に広がる。

子宮卵管接合部の通過

次に精子は子宮から卵管に進むのだが、子宮と卵管の境界部は子宮卵管接合部といって、内径

図4-1　女性生殖器

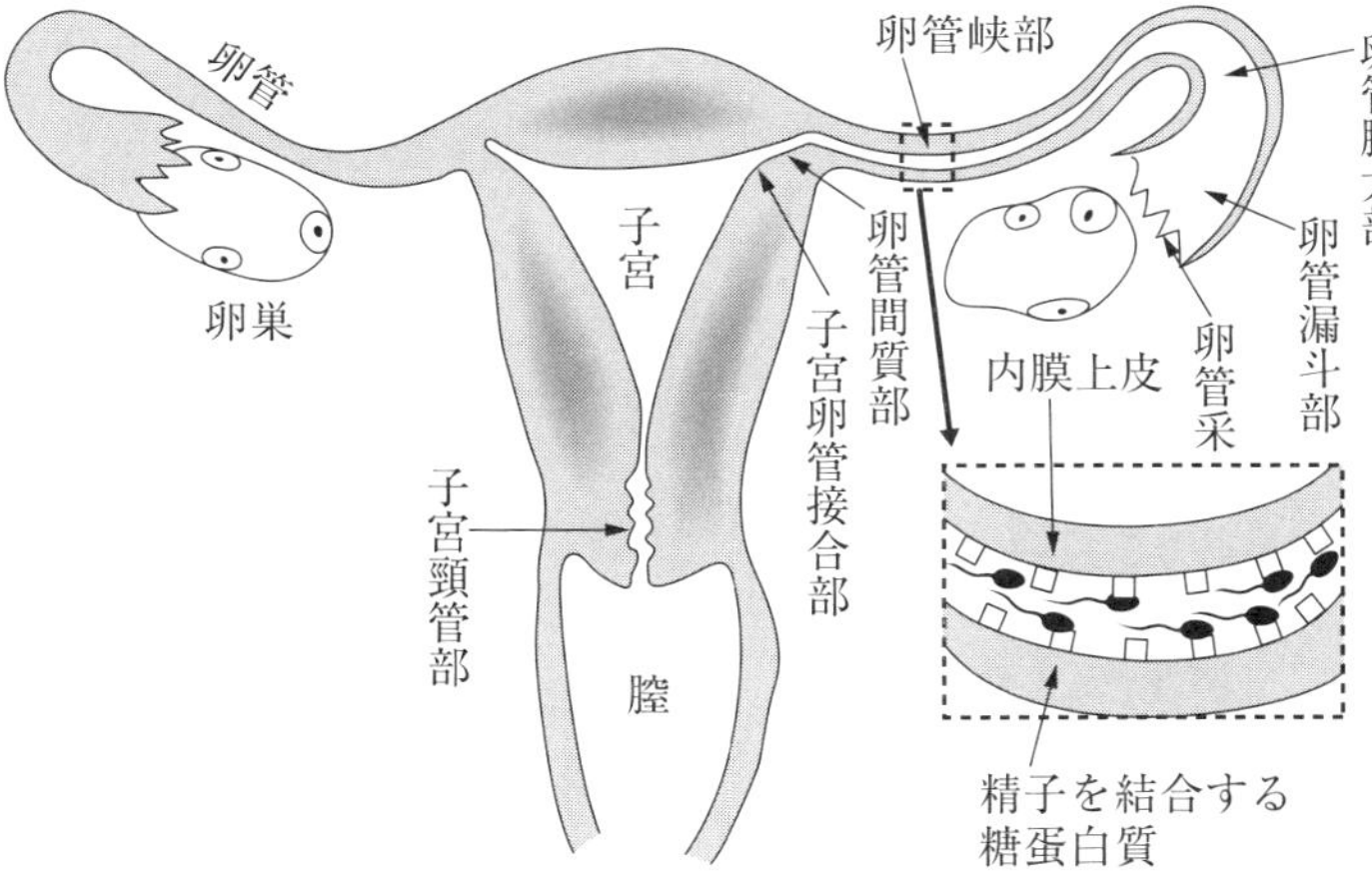

〇・一ミリほどの細い穴で、精子にとって、頸管に次ぐ二つ目の関門となっている（図4—1）。子宮が収縮すると、精子は子宮液と共にここを通過して卵管へ押し出されると思うだろうが、この関門は子宮が収縮したくらいの圧力では液を通さない。精子はこの関門を自力でくぐり抜けなければならない。だから、特別元気な少数の精子だけが通過する。こうして射精後二、三時間以内に受精に十分な数の精子が卵管に入るが、その数はわずか数百個である。

子宮内にとり残された約一〇万個の精子は、子宮内膜から出てくる白血球に食われる。射精後二四時間くらいまでは生きた精子が少数残っているが、二日後にはほとんど姿を消す。

卵管峡部の精子貯蔵所

子宮卵管接合部から膨大部の下端までは長さ約五センチの狭い管で、卵管峡部という。ここには精子の貯蔵所がある。エジンバラ大学のハンター博士[16]は長年、家畜について、雌の生殖器内に放出された精子のその後の行動を研究してきた学者であるが、彼は一九八六年にニコール博士とともに、ほ乳動物の卵管峡部の下半部に精子の貯蔵所があり、排卵があると、ここに貯蔵された精子が放出されはじめ、一時間後には受精に足りる数の精子が膨大部の受精の場に入り、その数は時間と共に増すことを実験で証明した。

最近の研究によると、射精時に精嚢から粘着物質が分泌され、これが精子表面を覆うように付着する。これに対し、卵管峡部下半部の内膜上皮細胞には、精子表面の粘着物質とだけ特異的に結合する糖蛋白質がある。精子がここを通ると、両者が結合して、精子はここに付着し、貯蔵される。貯蔵所に付着した精子は運動を止め、生命力を維持しながら受精能獲得のための成熟をすすめる。

人間では貯蔵所の存在を実験的に証明することはむずかしい。しかし、オギノ式避妊法で不妊期といわれる卵胞期の前半に性交したにもかかわらず妊娠することが少なくない（二一頁）。これは、不妊期の性交によって放出された精子の一部が排卵まで女性の体内に蓄えられ、この間受精能力を獲得することを示している。そして、その貯蔵場所は動物と同じように、卵管峡部の下半部であるとされている（図4—1）。卵管に入る精子の数は数百個であるが、峡部の貯蔵所に付着する精子は数十個にすぎない。残りの精子は前進して膨大部に進み、さらに腹腔に入って、最終的には白血球に食われて消滅する。

前に述べたが、射精直後の精子には幾重にも生理的留め金が掛かっていて受精能力がない（九〇頁）。しかし、女性生殖器内に入ると精子に複雑な変化が起こり、留め金が順次はずれて、排卵があるとただちに超活性化精子となりうる状態まで成熟する。また、これと平行して、精子頭部の先体部分が「先体反応」を起こしうる状態に成熟する。先体には、精子と卵子が接触したとき双方の細胞融合に必要な酵素や物質が含まれており、先体反応によって放出される。女性生殖器内で精子に起こるこれら二つの変化を**受精能獲得**（**キャパシテーション**）という。貯蔵所内ではこれらの過程が順調に進行し、二～三時間で受精能獲得を完了する一歩手前の段階まで成熟する。

卵管膨大部は受精の場

卵巣内で成熟卵胞の排卵が近づくと、その情報が卵管峡部貯蔵所内の精子に伝達される。精子はこの情報を受けるとただちに最後の留め金をはずして受精能獲得を完了し、卵管粘膜から離れて超活性化精子となり、飛び跳ねるような活発な運動を始め、卵管粘液の中を膨大部に向かって進む。

膨大部の長さは約五センチで、その先端約一センチは漏斗状になっており、漏斗部という。漏斗部の縁はヒトデのような突起になっており、この部分を卵管采という。卵管采や漏斗部の内面の粘膜にも卵管と同じように無数の絨毛が生えている。

卵巣から卵子が放出されると、卵管采が卵巣の表面をなでるように動いて卵子を卵管の中に取り込み、卵管は絨毛運動によって、数分で卵子を膨大部の下端に送る。卵子はここで、卵管粘液内を登ってくる精子と受精する。

以上は排卵前の性交によって精子が貯蔵所で待機している場合の受精であるが、貯蔵精子がない状態で、排卵後に性交した場合は、一時間もあれば受精に十分な数の精子が卵管に到達するが、精子が受精能獲得を完了するのに二～三時間かかる。この間卵子は膨大部で待たなければならないので、老化が進むことがある。

精子の老化は射精四八時間後から始まる

精子の寿命は卵子よりかなり長い。射精された精子の受精能力を調べた結果、能力曲線はだいたい図4―2のような変化を示す。この図によると、精子は射精後八〇時間以上元気で受精能力を保っているが、四八時間を経過したころから老化が始まり、たとえ受精してもオカルト妊娠で

図4-2　射精された精子群の受精能力の推移

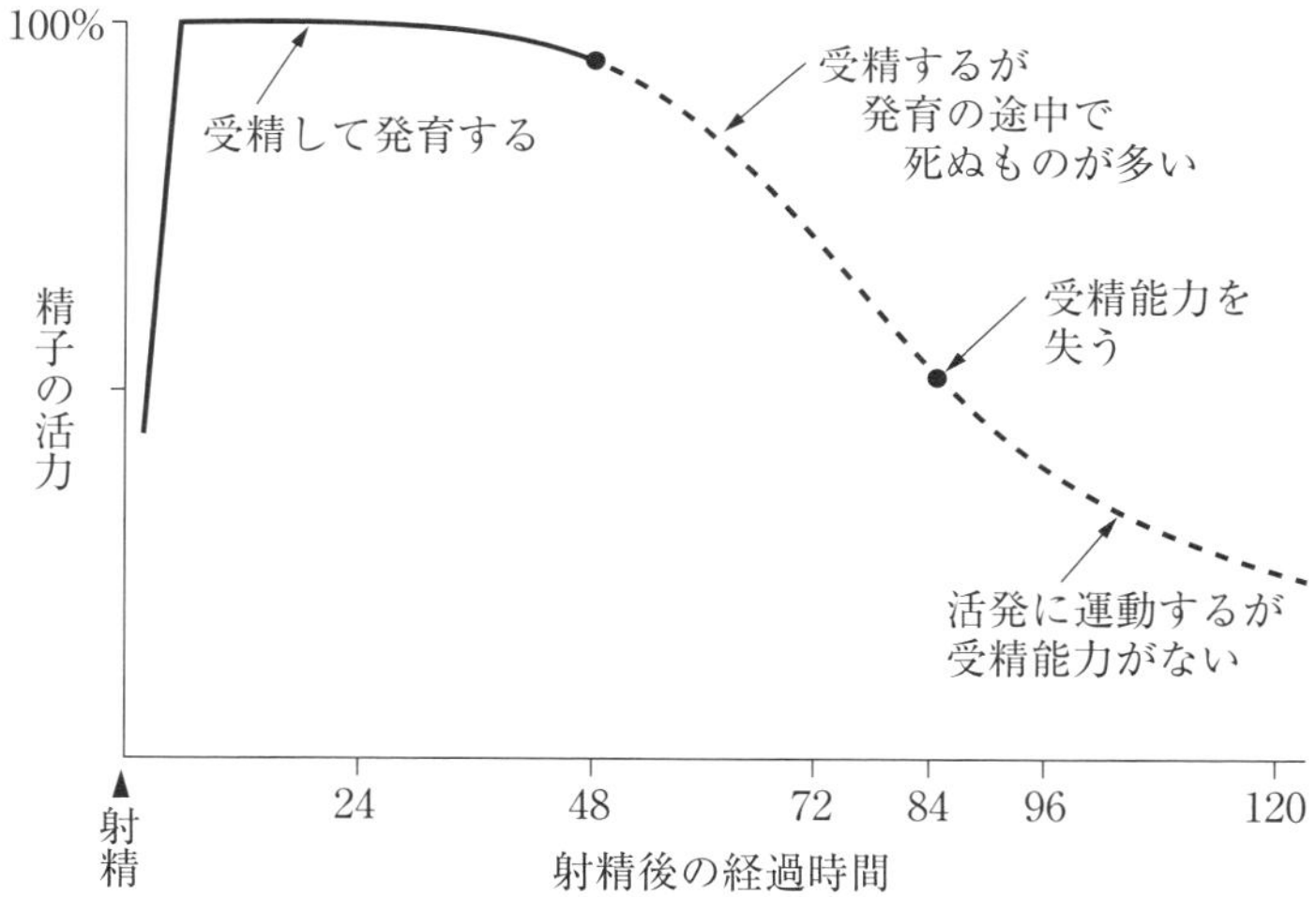

終わるものが次第に多くなる。一二〇時間以上経ってもなお活発に運動する精子が残っている。しかし、この図の数値は試験管内で実験的に調べたものである。女性の体内に射精された精子は生存条件に恵まれた貯蔵所内に蓄えられるので、これよりもさらに長く受精能力を保有しており、この間老化は徐々に進行すると考えられる。

老化精子の貯蔵を防止せよ

一九頁で紹介したにゲレロとロジャスの報告[5)]は、妊娠女性と流産女性を合わせた合計九六五人について、性交日ごとの妊娠率を集計したものである。これによると、性交が排卵日から遠ざかるにつれて妊娠率は低下するが、それでもなおかなりの数の女性が妊娠している。排卵前九日の性交でも正常に妊娠するものがいた。これらの結果は、卵管峡部に貯蔵される精子は受精能力を一〇日近く保有する可能性を示している。性交から排卵までの間隔が大きくなるにつれて妊娠率は低下するが、その主な原因は貯蔵期間中に精子の老化が進行することにあると考えられる。しかし、貯蔵所内の環境は精子の生存に適しているから、ここでの老化の進行は図4―2から推測される老化速度よりはるかに緩慢で、貯蔵精子は長期間受精能力と運動性を維持するものと推測される。このように考えると、次のような可能性が生まれる。

排卵のかなり前に性交すると、そのとき放出された精子は受精能力と運動性を保ちながら貯蔵所に保存され、排卵があると出てきて受精する。しかし、貯蔵中に老化が進んでいるから、たとえ受精してもオカルト妊娠や流産で終わるものが多いだろう。新旧両精子が貯蔵されていると、排卵時に新旧精子が一斉に放出される。この場合、新鮮な精子が老化精子より先に受精するとは限らないから、もし、毎回、老化精子が卵子を先取りすれば、出遅れた新鮮な精子は受精できない。これではせっかくタイミングよく性交してもオカルト妊娠で終わることになる。

老化精子の受精はなんとしても防がなければならない。この点に注意しないで、**毎回卵胞期の前半に性交すると、老化精子に卵子を先取りされ、不妊症でもないのにいつまでも妊娠しないということになりかねない。著者は、これが原因不明の不妊症の大きな原因であり、また、人間の**

妊娠率が動物より低い原因でもあると考えている。だから、タイミング妊娠法を実行するに当たっては、月経後から本番までの期間は、禁欲するか、さもなければコンドームを使用して、老化精子が女性体内に貯蔵されるのを防止しなければならない（一三四頁 図5—10参照）。

2 卵子の老化

排卵が遅れると卵巣内で老化する（排卵前の老化）[14]

排卵が予定より遅れると卵巣内で卵子の老化が進み、これと受精してできた胚は異常胚となり、発育の初期に死滅することが動物実験や人間の調査で確認されている。

第五章で詳しく述べるが、女性を含めて雌動物では、排卵の前に下垂体から黄体形成ホルモン（LH）が大量に分泌される。これを**LHサージ**という（一一四頁 図5—2の4参照）。LHサージは卵巣表面の成熟した卵胞を刺激して排卵させる。ラットにある種の麻酔剤を注射するとLHサージを一日遅らせることができる。この方法によって排卵を人為的に遅らせたラットを雄と交尾させて、排卵の遅れが胚の発育にどんな影響を及ぼすかを調べた研究報告がある。それによると、排卵を遅らせても排卵する卵子の数は変わらず、排卵した卵子はすべて受精していた。しかし、受精卵の多くは着床までに死んだ。着床できた胚も発育の途中で死ぬものが多かった。

人間についてはA・T・ハーティヒらの報告[1]（一九六七年）がある。それによると、排卵予定日、または、それ以前に排卵した一三個の卵子を調べたところ異常卵は一個だけであった。ところが、排卵予定日以後に排卵した二一個の卵子はそのうちの一四個が異常卵であった。このことから、彼は、人間でも排卵が遅れると、異常卵が増えることを指摘した。また、ビッチ博士[2]が、一回の性交によって妊娠した女性について調査したところ、月経周期の中期以後の性交で妊娠すると異常胚になる確率が高かった。

染色体異常の項（七四頁）で述べたが、排卵が遅れるとダウン症のような異数性染色体異常が多くなる。これは卵巣内で卵子が老化することによる。しかし、このような染色体異常胚はそのほとんどが発育初期に死んでオカルト妊娠で終わる。ダウン症のように、生まれてくるまで育つことはまれである。生理不順とか高齢などによる排卵前の卵子の老化は避けることがむずかしいが、タイミング妊娠法を実行すれば、老化のハンデをある程度埋め合わせることができよう。仮に老化を防止できなくても、老化胚はそのほとんどがオカルト妊娠で終わり、出産まで育って生まれることはまれである。だから、先天異常のある子どもが生まれはしないかと余計な心配をしてストレスを招くより、気にしないほうが賢明である。

受精が遅れると老化する（排卵後の老化）[14]

シドニー大学のブレイデン博士は、排卵前の発情期に交尾した雌ラット（正常群）と、排卵後約八時間遅れて交尾させたラット（遅延群）について、排卵後の卵子の老化が受精率と妊娠率にどの程度影響するか調べた。結果は、正常群では、排卵した卵子のうち受精しなかったのは七・一％であったが、遅延群では二七・一％であった。また、正常群では、受精卵のうち妊娠末期までに死亡したのはその一〇・三％にとどまったが、遅延群では五六・一％が死亡した。

この実験結果は、ラットでは排卵後一〇時間以内に（八時間に精子が受精能獲得に必要な二時間を加えた時間）卵子の老化が進み、受精できない卵子や、たとえ受精しても発育の途中で死亡する胚が著しく増えることを示している。同じようなことが他の実験動物や家畜でも確認されている。

卵巣から放出された卵子は、受精しなければ、時間の経過とともに細胞質の老化が進み、やがて死んでいく。一般に哺乳動物の卵子は、排卵後八時間経過したころから老化が顕著になる。老化はこの時間に突然起こるのではなく、排卵直後のもっとも元気な状態から時間の経過とともに徐々に進行する。

老化がかなり進んだ卵子でもなお数時間は受精能力を保っているから、元気な精子に出会えば受精する。しかし、このような受精卵は正常な発育を続けることができないので妊娠の初期に死ぬ。

家畜では卵子の老化の過程が詳しく調べられている。たとえば、豚の卵子は、排卵後二四時間近く受精能力を持ち続けるが、排卵して八時間以上経つと、たとえ新鮮な精子と受精しても、受精卵は発育の初期に死ぬ。

人間については米国環境保健科学研究所のA・J・ウイルコックス博士らが、動物と同じように、人間でも排卵後の卵子の老化が早期の胚死亡をもたらすことを一九九八年に報告している。図4―3は、今までに発表された人間に関する資料と家畜卵子の老化過程を参考にして、著者が作成した、人間卵子の排卵後の老化の経過である。精子に比べて卵子は老化の進行が速い。排卵後六時間以内に受精するよう配慮が必要である。その対策としては排卵日の一、二日前に性交することである。そうすれば、精子は卵管峡部の貯蔵所内で保存され、排卵が近づくとその情報が卵巣から貯蔵所に伝えられ、情報を受けた精子はただちに受精能獲得を完了して飛び出し、膨大部へ向かって卵管を遡り、卵子と受精する。こうすれば、卵子は排卵後ただちに受精するので、排卵後の卵子の老化はない。

図4−3　ヒト卵子の排卵後の受精能力の推移

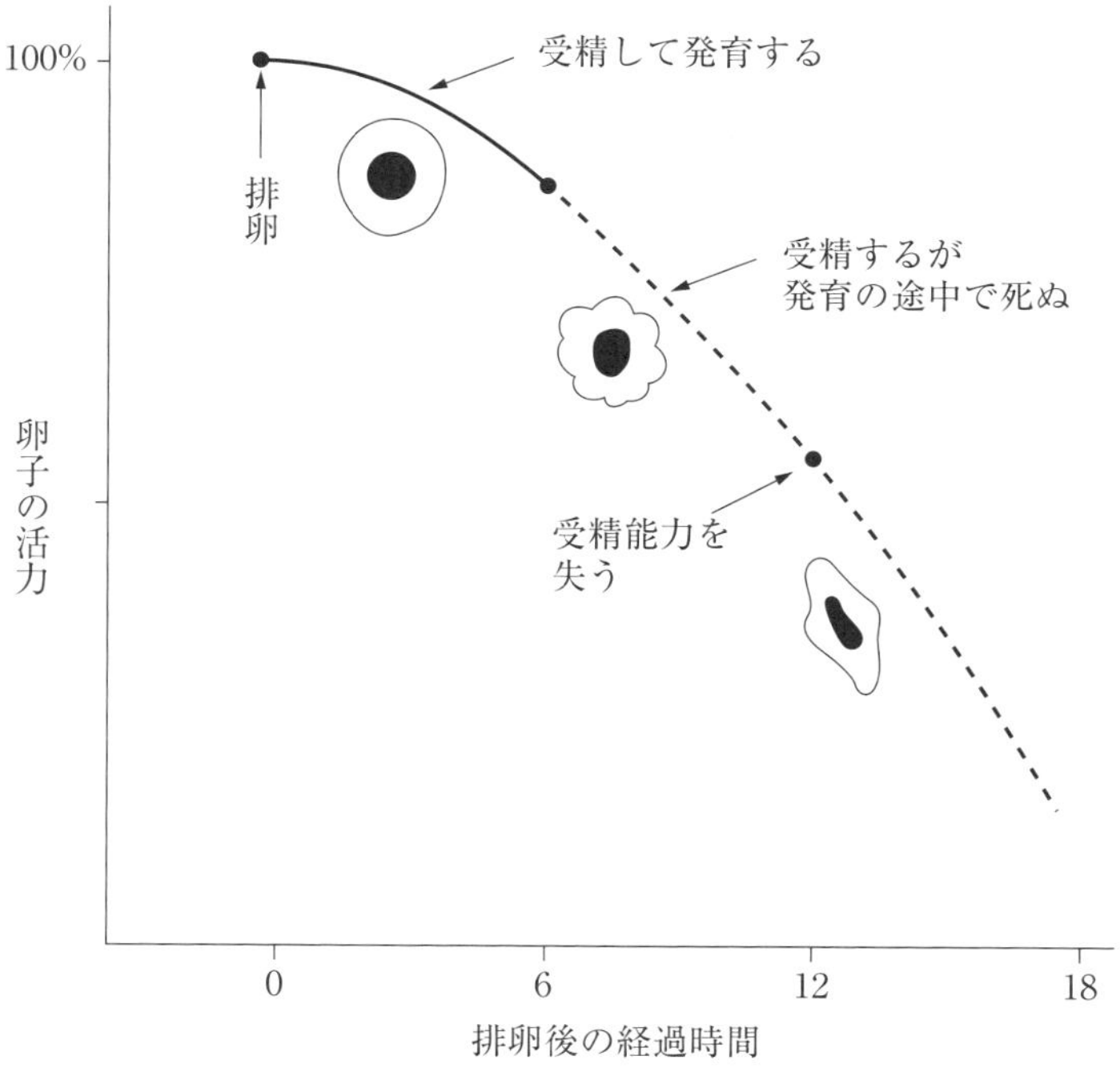

老化卵子に起こる異常

卵子が老化するとどんな異常が起こるのか。もっとも多い異常は染色体の数の異常である。

卵子が老化すると染色体の分裂構造に変性が起こって、均等に分裂できない。その結果、排卵前に進行する第一減数分裂や、排卵後精子の侵入によって再開する第二減数分裂のとき、染色体の数の異常が起こる。これについては第三章（七八頁）で詳しく述べた。

また、新鮮な卵子では一個の精子が侵入すると卵子の周囲に防護壁がつくられ、後からくる精子の侵入を防ぐ仕組みになっている（第3節「正常な受精の経過」参照）。ところが、老化した卵子ではこの防護反応が鈍くなるから、一個の卵子に二個あるいはそれ以上の精子が侵入する。こうなると受精卵は倍数体という染色体異常になり、正常に発育できない。

そのほかに、卵子が老化すると細胞内の酵素が変化して正常な働きをしなくなる。たとえば、細胞内には、遺伝子に異常が起こるとただちに出動してこれを正常に修理する酵素がある。卵子が老化するとこの修理酵素の働きが鈍くなるので、遺伝子が遺伝毒物によって傷害を受けても修理ができない。その結果、胚は死ぬか、さもなければ先天異常のある子どもとして生まれることになる。

この他にも老化卵子では細胞膜、細胞質、核にさまざまな変化が起こり、受精やその後の発育に支障をきたす。これらについては目下熱心に研究されており、防止法にも明るい光が見えている。

3 正常な受精の経過

排卵した卵子は多数の卵胞細胞で取り囲まれており、細胞相互の間隙はヒアルウロン酸という粘凋なセメント物質で埋まっている（図4—4）。精子がこれに付着すると精子頭部の表面膜がめくれて、中からヒアルウロニダーゼという酵素が出る。この酵素はヒアルウロン酸を分解して精子の侵入孔をつくる。精子はこの孔から侵入して卵子の透明帯に到達する。

図4-4　卵子に接近する精子

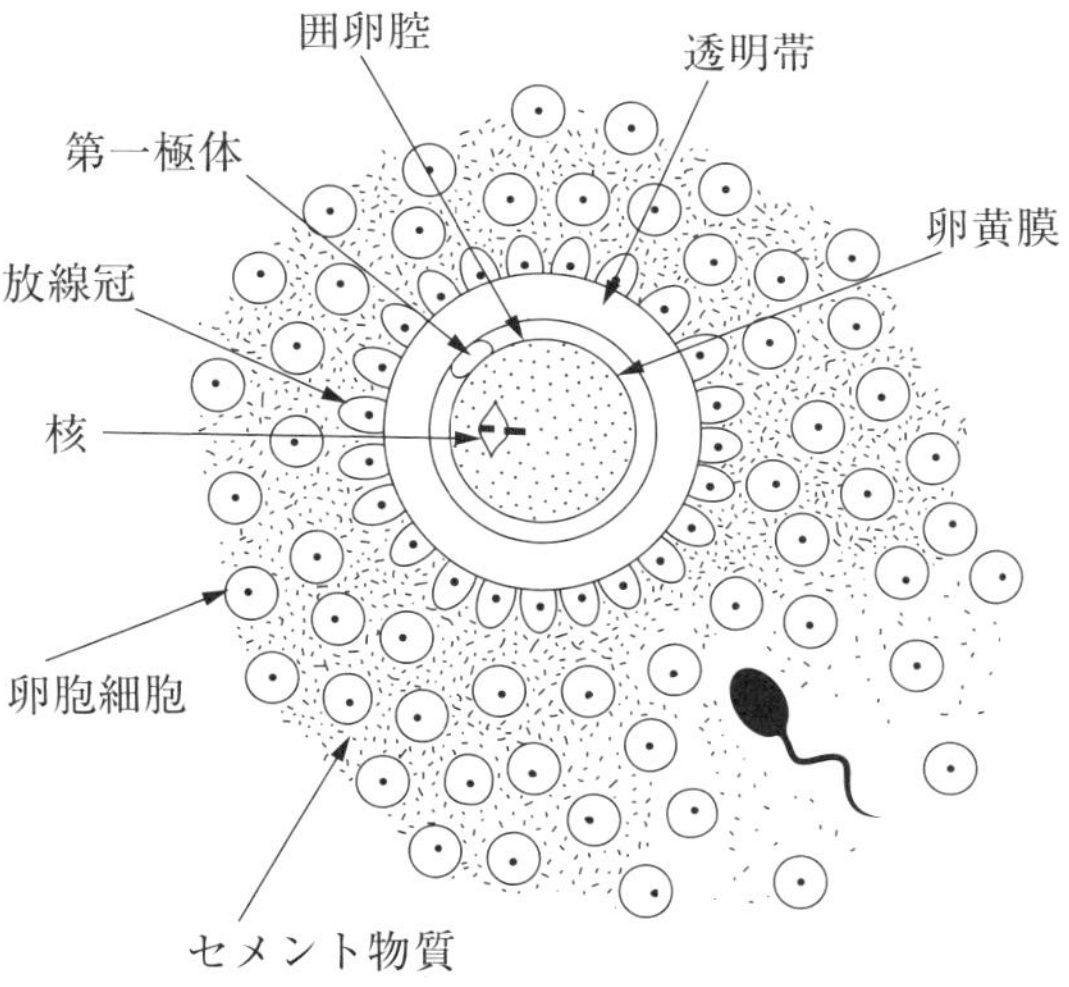

透明帯は同種動物の精子とだけ結合し、他種動物の精子を寄せつけない。精子は透明帯を分解する酵素を放出して穴を開け、透明帯と卵黄膜の間にある囲卵腔という隙間に侵入する。ここで一休みした後、一気に卵子内部に侵入する（図4—5）。

卵子内に精子が侵入すると、その刺激によって卵子は休止していた第二減数分裂を再開し、二個の卵子に分裂する。小さいほうの卵子は囲卵腔に押し出されて第二極体となる。大きいほうの卵子の染色体と精子の染色体はそれ

図4−5　多精子受精に対する卵子の防御反応

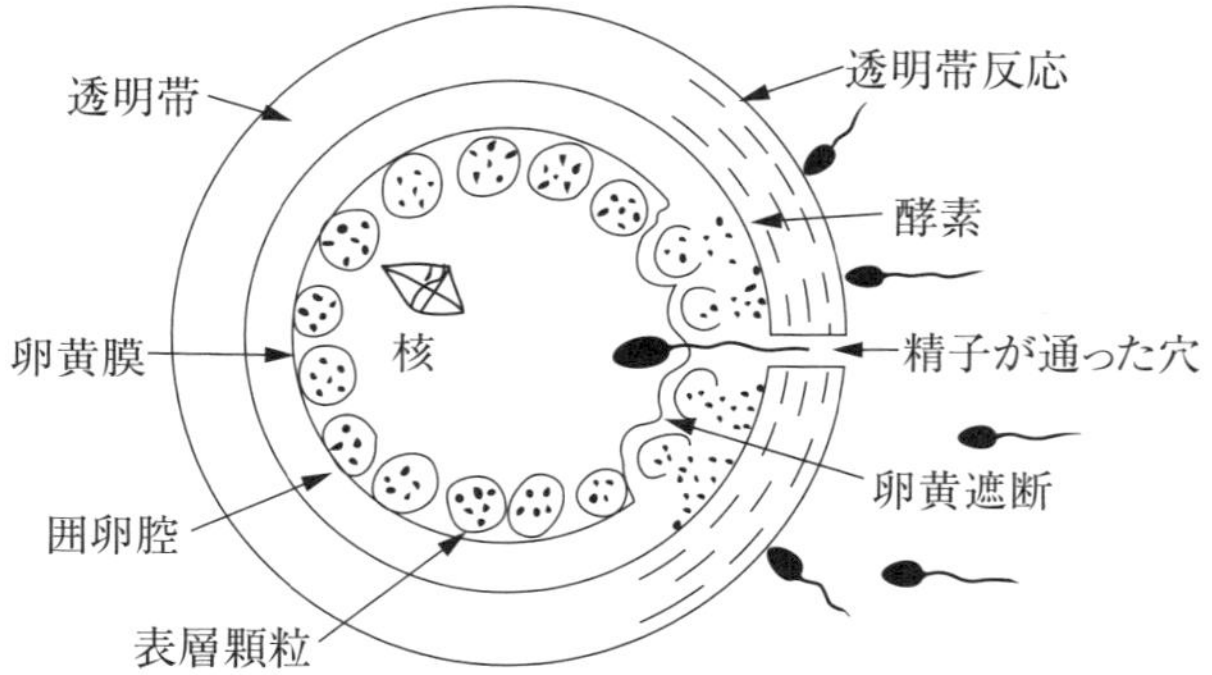

ぞれ雌性前核と雄性前核になり、卵子の中央に移動して合体し、受精卵の核となる。こうして新しくできた生命を**胚**と呼び、一人の人間へと発育を開始する（一一九頁図5―5）。

胚は初めのうちは透明帯の中で発育するが、受精後七日目に透明帯の殻を破って子宮に着床する。殻の中に入っている胚は**受精卵**と呼ばれることもある。

話が少し戻るが、囲卵腔に入った精子の頭部が卵黄膜と融合すると、卵黄膜の直下にある表層顆粒が破裂して酵素を囲卵腔に放出する（図4―5）。このとき卵黄膜では卵黄遮断という変化が起こり、後から近づく精子の侵入を阻止する。また、顆粒から放出された酵素は透明帯に作用して透明帯を変質させる。これを透明帯反応という。透明帯反応も精子の侵入を阻止する。

最初に一個の精子が侵入すると、卵子の膜に卵黄遮断と透明帯反応が起こって後から進入する精子を二重に防いでいる。

第5章

丈夫でよい子をつくる タイミング妊娠法の実際

1 まず予定排卵日を決める

荻野久作の発見

タイミング妊娠法には多くの優れた利点があることを説明してきたが、これを実行するには、まず予定排卵日を決めなければならない。そして、その方法は家庭で簡単にできるものでなければならない。人間の排卵予知について最初に科学的な学説を発表したのはオギノ式避妊法で有名な荻野久作である。オギノ式によると**排卵は次の月経開始予定日の一五日前に起こる**。この方法は今日でも有効な排卵予知法であるが、予定月経を基準にしている点が欠点である。

紀元前二世紀のギリシャの医者ソーラヌスは、月経によって子宮の内容物が洗い流された直後がもっとも妊娠しやすい時期であると教えた。十九世紀にはドイツのミュンヘン大学のテオドール・ビショッフ教授が、犬は子宮出血が終わった一、二日後に排卵することを観察し、ソーラヌスの説を支持した。この論文は排卵時期についての最初の科学的説明であったから、科学者たちはソーラヌスの説を信用した。こうして西欧ではソーラヌスの説が二十世紀初頭まで信じられてきた。犬の月経と人間の月経は異質のものであることを当時の学者は知らなかった。

雌犬では発情が始まる前に発情前期という状態が約一〇日間続く。この期間には卵胞ホルモンの分泌が増加して子宮内膜を刺激する。犬の子宮内膜は卵胞ホルモンに特別敏感であるから、その刺激を受けた内膜は極度に充血する。その結果、赤血球が血管壁を透過して子宮腔に滲出し、膣の外まで流れ出る。これが犬の月経である。発情前期に続いて発情期が始まる。発情期になると出血は減少する。そして、発情期の一、二日目に排卵する。だから、出血が終わって一、二日後に排卵することになる。ビショッフの観察に間違いはないのだけれど、犬の月経を人の月経と同じ性質のものと考えたことが間違いであった。

二〇〇〇年もの長い間信じられてきたソーラヌスの説は、一九二九年に日本の産婦人科医荻野久作によって見事に否定された。彼は、人間の排卵は月経と月経の中間に起こることをはじめて発表した。少し遅れてオーストリア、プラーグ大学のヘルマン・クナウス教授も同じことを発表した。二人とも「排卵は次の月経開始予定日の一五日前に起こる」ことを示した。この法則を両名の頭文字を取って「ＯＫ　ルール」ともいう。

この発見に基づいて彼らは一九三〇年代の初期に、月経周期のうちで妊娠の可能性がある期間の算出法を発表し、この期間だけ禁欲すれば避妊が可能であるという避妊法を提唱した。これが有名な**オギノ式避妊法**である。

最近では、超音波画像診断法によって卵巣表面のグラーフ氏卵胞の発育状態や排卵前後の変化を観察することができるようになった。経腟プローブを使うと卵巣から五センチくらいのところまで接近できるので、卵巣の画像を鮮明に写しだすことができる。また、微量のホルモンを測定する高感度測定法が開発されており、排卵前後の尿や血液中のホルモン変化を短時間で測定できる。これらの診断法は家庭では使えないが、このような診断技術の進歩によって、月経周期や基礎体温、膣粘液の変化などと排卵との時間関係をかなり正確に知ることができるようになった。

2 月経周期と排卵の関係

子どもでも大人でも、女性の卵巣の表面膜の下には原始卵胞が数十万個並んでいる。原始卵胞とは卵子が一層の細胞で囲まれたものである（図5―1）。原始卵胞の中の卵子は第一卵母細胞で、第一減数分裂の初期の状態である。生まれたときからずっとこの状態で冬眠を続けている（六〇頁 図3―3）。

思春期が近づくと、図5―1に示すように原始卵胞が数個ずつ順次発育を開始する。まず、卵子を囲んでいる卵胞細胞が分裂して数を増し、層が厚くなる。この段階のものを二次卵胞という。

思春期になると、脳下垂体から卵胞刺激ホルモン（ＦＳＨ）と黄体形成ホルモン（ＬＨ）の分

図5-1　卵巣

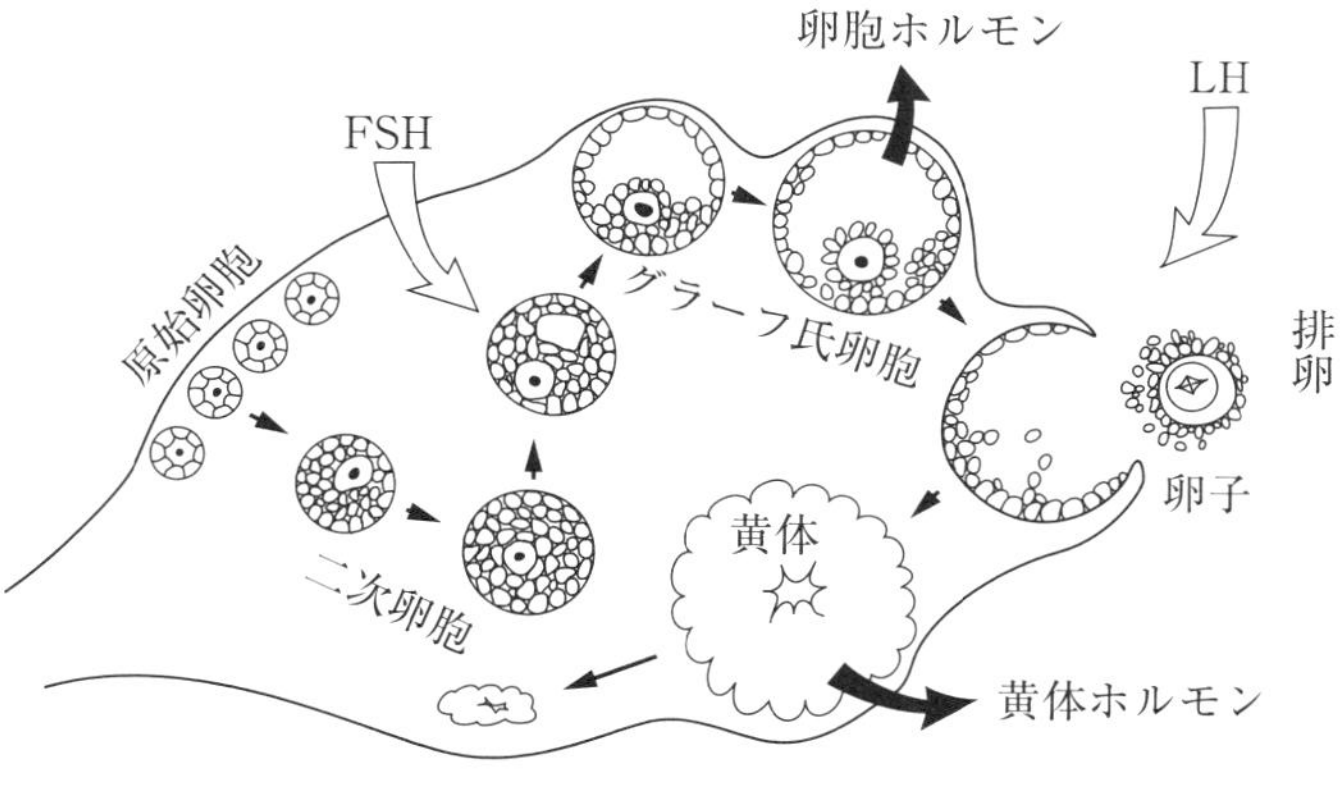

泌が始まり、卵巣内部の卵胞は発育速度を早める。そして、いよいよ生殖活動が始まり、月経周期の開始となる。

月経周期は卵胞期から始まり、卵胞期の終わりに排卵が起こる。続いて黄体期となり、黄体期が終わると月経が始まる。図5―2に月経周期中の変化をまとめて示した。

月経周期は脳下垂体のホルモンと卵巣のホルモンの連係によって運営される。このホルモン連係は非常に微妙であるから、順調に運営されるようになるまでには数年かかる。いいかえると、月経周期を順調に繰り返し、毎回確実に排卵が起こるようになるまでには初潮から五年くらいかかる。この時期には月経不順が普通だから、心配しなくてよい。

図5−2　月経周期中の生理的変化

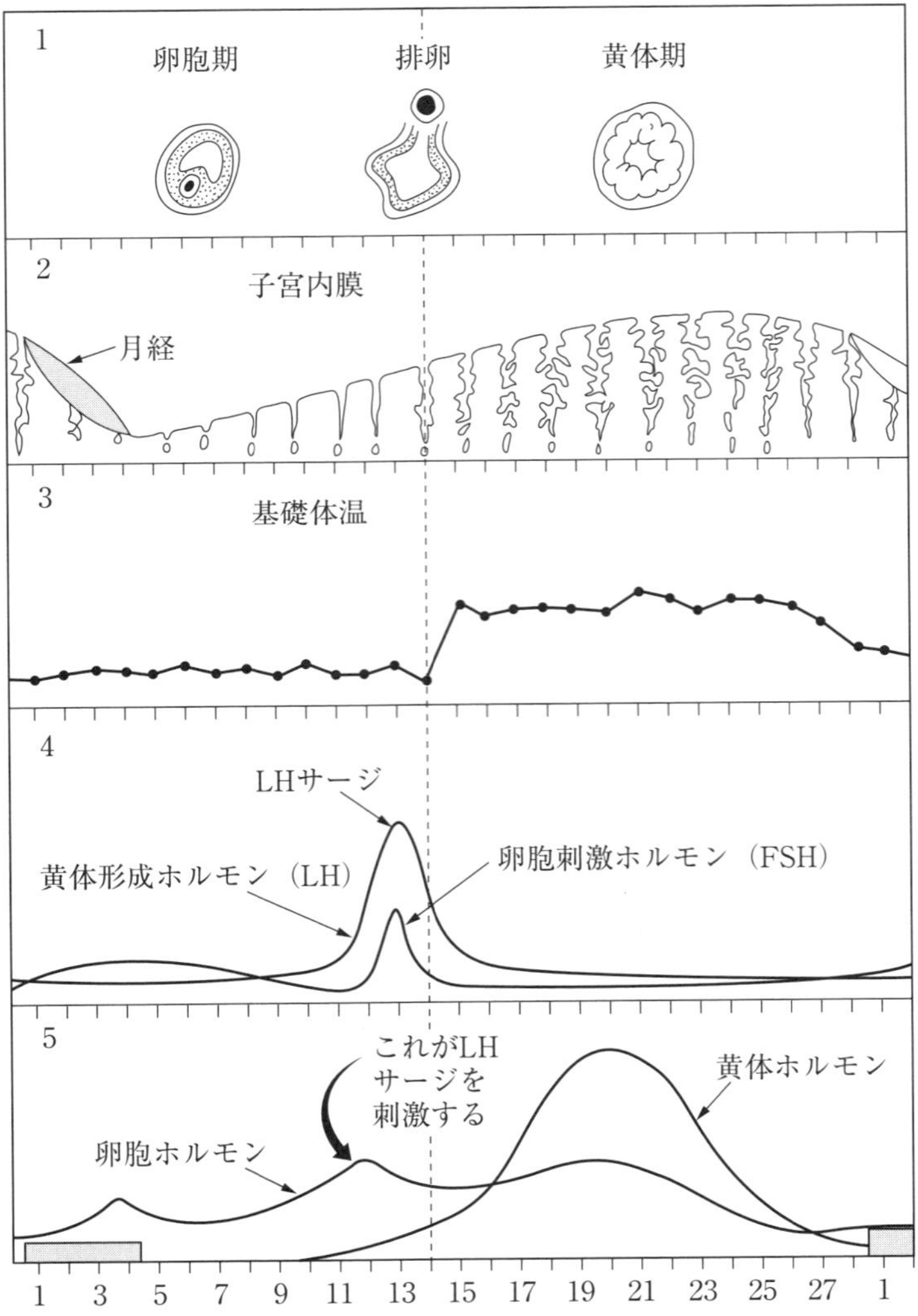

卵胞期・月経第一日から排卵日まで

月経の第一日から排卵日までは卵巣中の卵胞が発育する時期で、これを**卵胞期**という。前の周期の黄体期の終わりにFSH分泌が増加し始め、このFSHの増加によって新しい月経周期が始まる（図5―2の4）。

卵胞期にはFSHが主体となり、これにLHと卵巣から分泌される卵胞ホルモンとが協力して、二次卵胞の発育を刺激する。卵胞は内部の細胞が増殖してしだいに大きくなり、卵巣の内部に向かって沈んでいく（図5―1）。発育した二次卵胞はFSHの刺激を受けて内部に隙間を生ずる。隙間のある卵胞を三次卵胞という。隙間が大きくなるにつれ三次卵胞は向きを変えて卵巣表面に浮上する。表面に突出した卵胞をグラーフ氏卵胞という。

発育中の卵胞は卵胞ホルモンを分泌する。分泌量は卵胞が大きくなるにつれて増加する（図5―2の5）。卵胞ホルモンは子宮内膜を刺激するので、内膜の毛細血管が発達して充血し、上皮細胞も増殖して内膜が厚くなる（図5―2の2）。また、卵胞ホルモンは子宮頸管を刺激し、頸管粘液の分泌を促す。

月経周期の一二日ころ、血液中の卵胞ホルモン濃度が最高に達し、次の三つのイベントを引き起こす（図5―3）。

図5-3　排卵前の卵胞ホルモンの働き

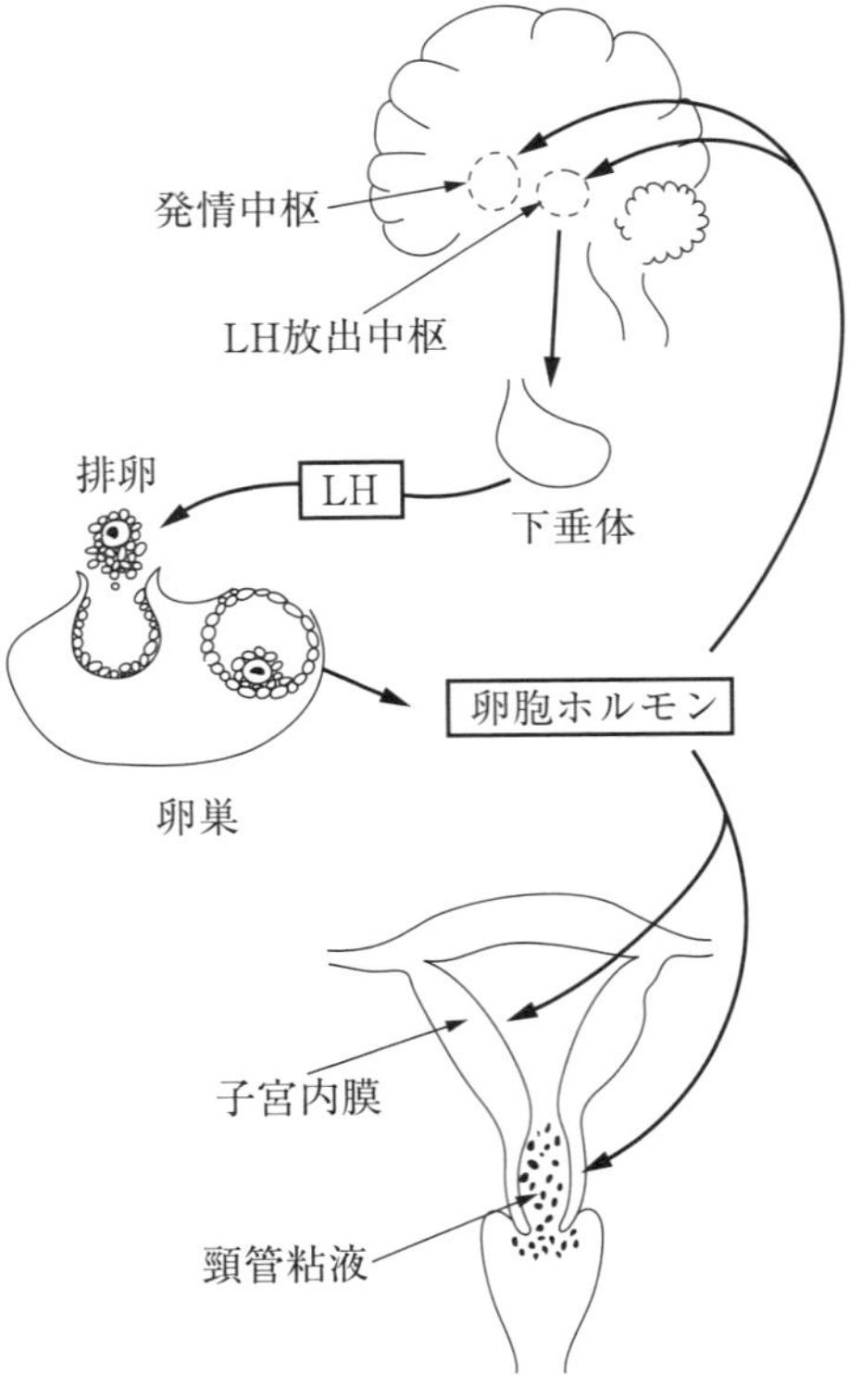

（1）脳の視床下部にある性中枢を刺激する。その結果動物では発情が起こる。人間では発情ははっきり現われない。性交頻度が増す程度である。

（2）LH放出中枢を刺激する。その結果、二四時間ないし四八時間後に、脳下垂体からLHの大量放出がある。これを**LHサージ**という。

図5-4　ホルモンレベルと排卵の時間関係

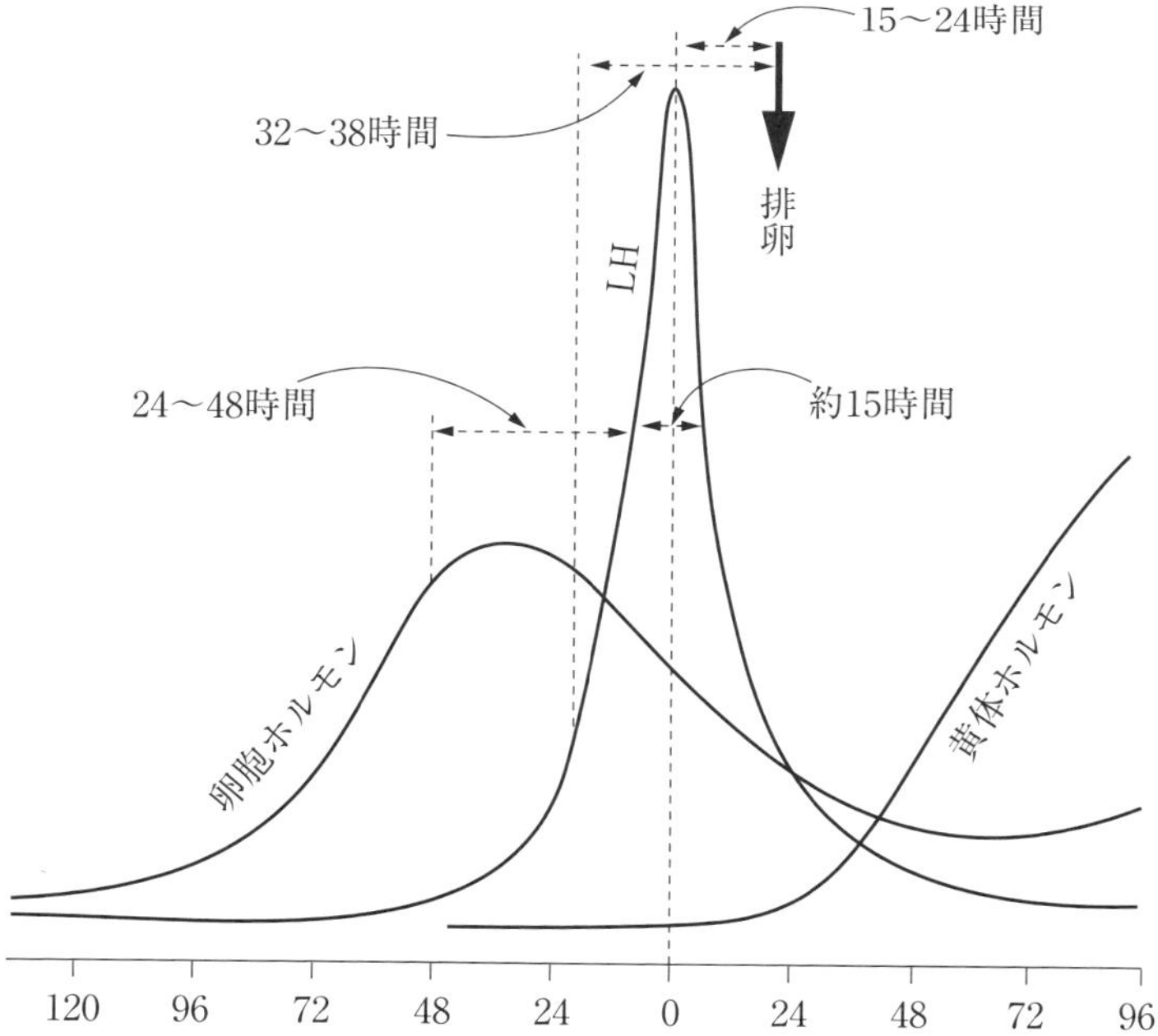

LHサージは約一五時間続く（図5—4）。

（3）子宮内膜を刺激するとともに頸管粘液の分泌を促進する。子宮頸管が弛緩して粘液の一部が膣のほうへ流出する。

排卵：二つの大きなイベント

LHサージが始まると、卵子の中で二つの大きなイベントが始まる。

（1）グラーフ氏卵胞の一つ（主席卵胞）がLHの刺激を受けて、発育速度を早める。その間、卵胞壁では一連の酵素反応が起こって、壁がもろくなり、ついに卵胞の先端が破れて中から卵子が出てくる。これを**排卵**という（図5―1）。残りのグラーフ氏卵胞は排卵しないで退化消滅する。

超音波診断法によって観察すると、主席卵胞は直径が二二ミリくらいまで発育したとき排卵する。卵胞の大きさによっておおよその排卵時刻を予知できる。

排卵はLHサージが始まって平均三二時間ないし三八時間後に起こる。LHサージのピークから計算すると約一五～二四時間後に排卵する（図5―4）。

（2）主席卵胞の中の卵子はLHサージの刺激を受けると、長い冬眠から目覚め、出生以来長年中断していた減数分裂を再開して、第一減数分裂を完了する。そして、引き続き第二減数分裂が始まり、中期まで進んだところで再び分裂を休止し、この状態で排卵する。

排卵した卵子は数分で卵管膨大部の末端に運ばれ、ここで峡部貯蔵所から出てきた精子と受精する。受精すると減数分裂が再開する（図5―5）。

黄体期：黄体の形成から退行まで

排卵した卵胞の内部に残った細胞は大きく肥大して黄色の塊になる。これを**黄体**という（図5―1）。黄体は月経周期の二〇日ころ最大となり、その直径は約二〇ミリメートルである。黄体

図5−5　排卵前後の卵子の変化

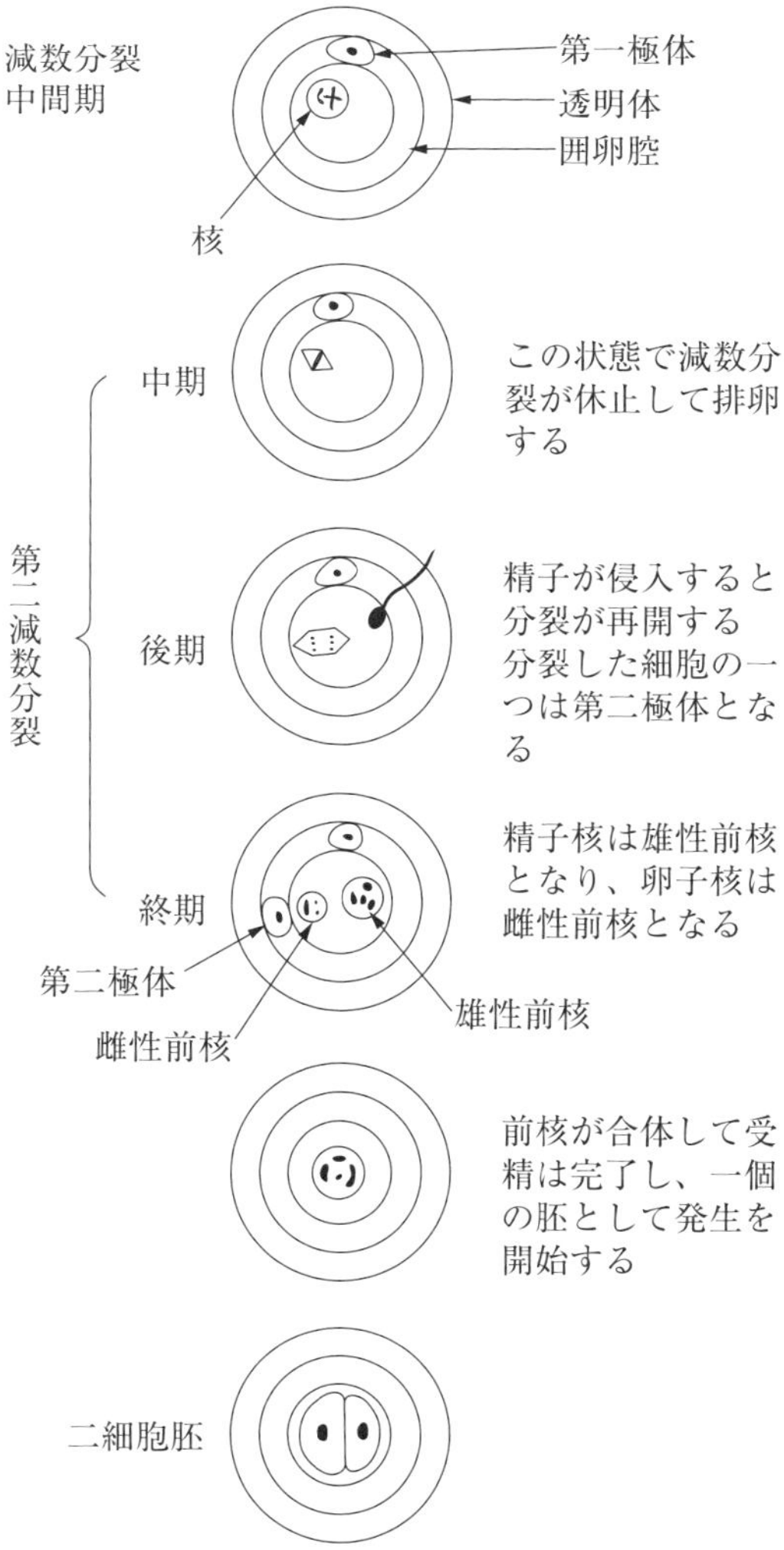

は次の月経が始まる前に退行する。黄体の形成から退行までの期間を**黄体期**という。

黄体期はほぼ正確に一四日間続き、一定である。だから、月経周期の長さの個人差は卵胞期の長さの違いによる。

黄体は黄体ホルモンを分泌する。黄体ホルモンは卵胞ホルモンとともに卵管や子宮の内膜を刺激して栄養液の分泌を促し、これで受精卵を養う。また、子宮粘膜に着床の準備を整える。また、体温を上昇させる（図5―2の3）。発情期に開口した子宮頸管を閉ざし粘液を凝固させる。

妊娠しなければ、黄体は一四日後に退化し、黄体ホルモンが減少する。その結果、それまでに厚く発育していた子宮内膜が剥離して脱落する。これが**月経**である。

妊娠すると黄体が存続して黄体ホルモンを分泌し続ける。だから月経は起こらない。基礎体温も下がらないで高い状態が続く。

黄体ホルモンはこのような働きによって妊娠を維持する。それで、黄体ホルモンは妊娠維持ホルモンといわれる。

思春期以後の卵巣では、原始卵胞からグラーフ氏卵胞までの発育が次々と絶え間なく進行し、卵胞期、排卵、黄体期を周期的に繰り返す。これが更年期まで続くので、成熟した女性の卵巣を切り開いてみるといつでも図5―1のように、さまざまな発育段階の卵胞と黄体を見ることができる。

3 排卵日を予知する五つの方法

オギノ式

月経周期の長さは二六日の人もあれば三二日続く人もある。また、同じ人でも周期ごとに長さ

図5-6　オギノ式避妊法（○印は排卵日を示す）

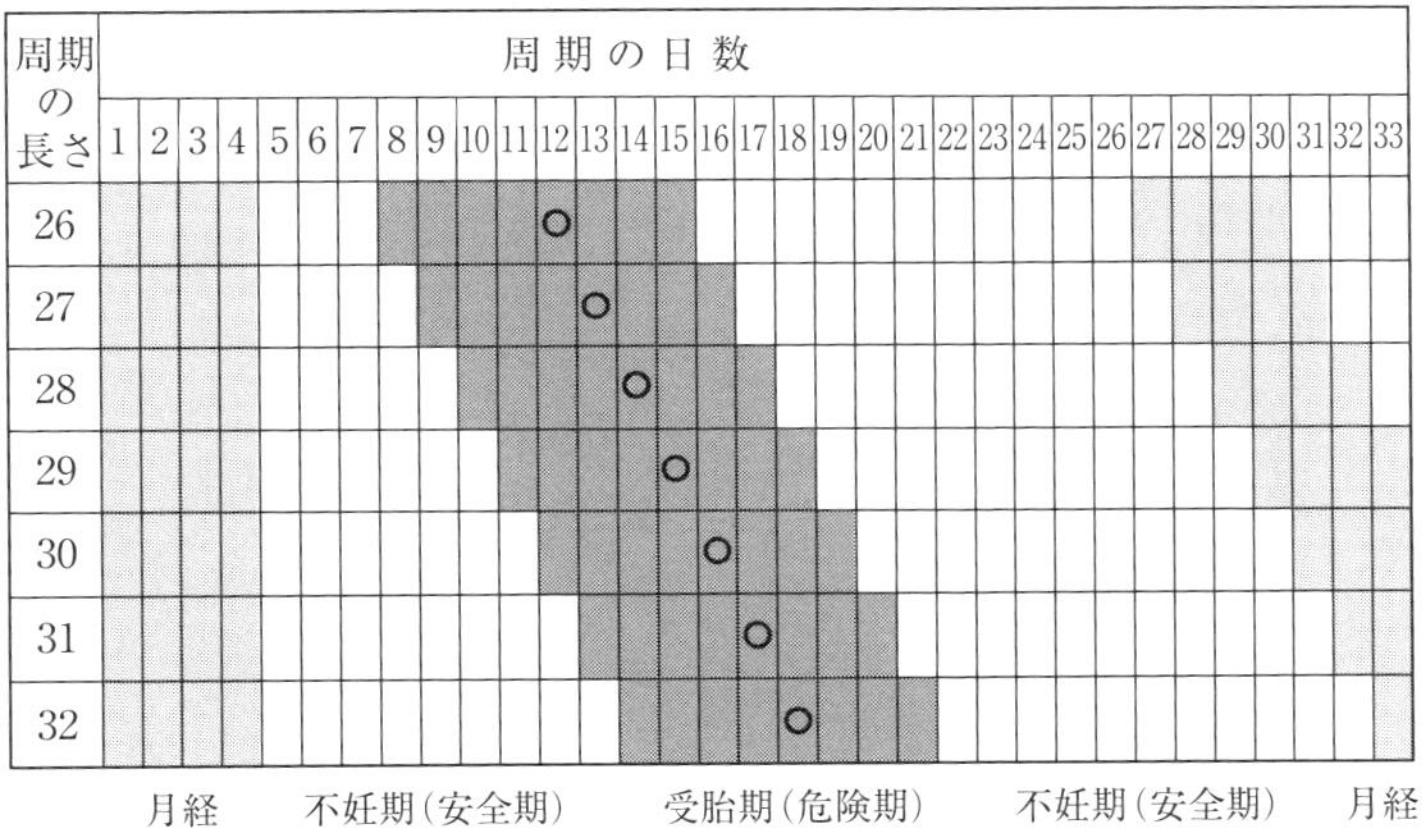

が違うのが普通で、一定している人のほうが少ない。だが、黄体の寿命は大多数の人が一四日でほぼ一定している。だから、周期の変動は卵胞期の違いによって生ずる。この事実に基いて排卵日を予知するのがオギノ式である。

月経周期の最終日（次の月経が始まる前日）から逆算して一五日目が排卵日である。だから、月経周期をn日とすると、排卵日は月経開始の日からかぞえて（n－14）日目である（図5―6）。たとえば、三〇日周期の女性は開始日から一六日目が排卵日である。図5―6では排卵日に丸印がつけてある。

月経周期が不規則な女性では、一年の記録から最短周期（s日）と最長周期（l日）を求める。そうすると、排卵は（s－14日）から（l－14日）までの範囲内に起こることになる。

まれに月経予定日の一六日前や一二日前ないし一四日前に排卵することがある。

そこで、オギノ式避妊法では予定月経の一六日前から一二日前までの五日間を排卵日とし、この前に三日間の精子生存期間を加えて、次の予定月経の一九日前から一二日前までの八日間を受胎期（危険期）としている（図1―3、5―6）。

基礎体温法

黄体期には、黄体ホルモンの働きによって体温が少し高くなる。それで、基礎体温は卵胞期に低く（低温相）、黄体期に高い（高温相）二相性を示す。その差は華氏で約〇・七度、摂氏では約〇・四度である（図5―7）。

基礎体温とは、体を安静に保ち、心も平静な状態にあるときの体温である。

人間の体温は些細な原因によって変動するから、基礎体温を計るときは、生活を規則正しくし、毎日五時間以上睡眠をとらなければならない。そして、ほぼ決まった時刻に目を覚まし、そのまま寝床の中で、婦人体温計を舌の下に挿入して測定する。体を動かすと体温が上昇するので、起き上がる前に測定する。測定した基礎体温は忘れないうちに記録して基礎体温グラフをつくる。このような測定を六カ月から一年間、毎朝続けなければならないから、根気のいる作業である。

図5-7　基礎体温表

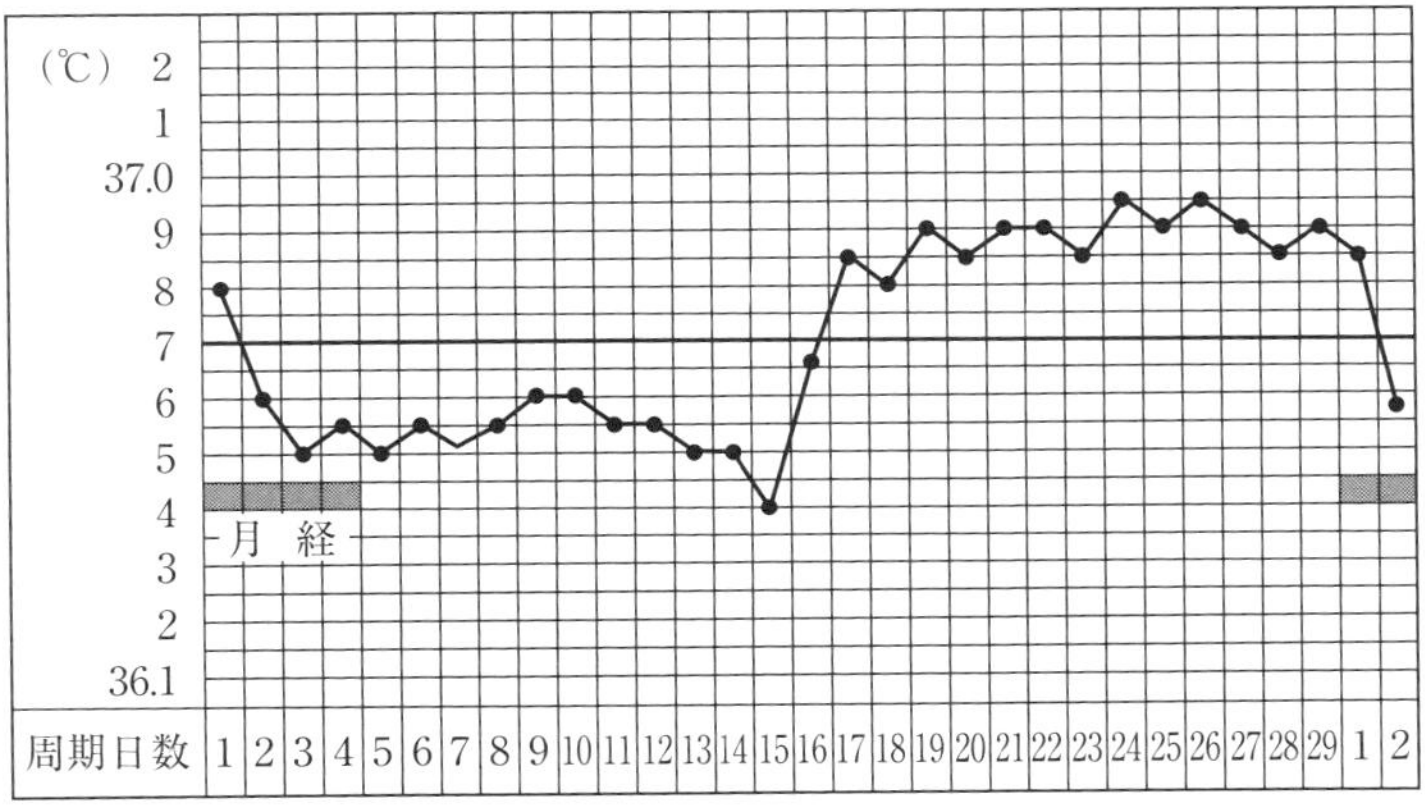

この作業を助けてくれる記憶装置付き基礎体温計が市販されている。これを枕元に置いておくと、指定した時刻に目覚ましのアラームが鳴り、五分間検温すれば自動的に体温を記憶するので、理想的な条件で測定できる。また、必要に応じて基礎体温グラフを示す。

次に、体温グラフが低温相から高温相に移る時期を決める。基礎体温がそれより前の六日間のどの体温よりも高ければ高温とみなす。そして、高温が三日続けば高温相に入ったとする。普通三六・七度のところに線が太く引いてある。高温相ではこれより高く、低温相ではこれより低い。ただし、これは多くの人の平均値であって、個人差があるから、この線にこだわらなくてよい。低温相が平均して低い人はそれに応じて高温相も低い。一般に排卵は低温相の最終日に起こるので、この日を予定排卵日とする。約三〇％の女性では排卵日に体温が一段下がる（図5―7）。

高温相の初日に排卵することもある。報告によると、そのようなことが成人の約二五％に起こるという。このような卵子は成熟し過ぎて老化していることがあるが、老化卵子は受精しても発育しにくい。ＬＨサージの量が少ないと、そういうことが起こりやすい。第6節「オルガスムはタイミング妊娠法の効率を高める」で述べるが、強いオルガスムがあればＬＨ分泌を促進するから、このような排卵の遅れを防ぐことができるだろう。

だれでも低温相と高温相の二相がはっきり分かれるとは限らない。だが、前述したような注意を払って測定すれば、割り合いよいグラフが得られる。それでもなお境界を決めかねることが少なくない。変わり目がはっきりしないときは、オギノ式や、次に述べる頸管粘液法などの結果を併せ考えて、おおよその排卵日を推定する。

グラフに高温相がない周期を一相性という。この場合排卵がないとみなしてほぼ間違いないが、排卵していることもある。そのような場合は、後述するＬＨ検査法によって排卵日を知ることができる。

子宮頸管粘液法

オギノ式は次の月経が始まったとき、基礎体温法は体温が高温期になったとき、すでに終わった排卵日を推測する方法である。どちらも、過去の排卵日を知る方法であるから、これらの方法によって排卵日を予知するには、六カ月くらい記録を付けて、その結果から自分の排卵日を類推することになる。これに対し、頸管粘液法は排卵前の粘液の変化によって来たるべき排卵日を予測する方法である。

人間を含めて哺乳動物の子宮頸管の内側には粘液が充満している。この粘液の性質は、発情周期中（人間では発情周期を月経周期という）、ホルモンの働きによっていろいろと変化する。

黄体期には頸管部が固く閉じて、内側に糊状の濃厚な粘液が溜っている。この変化は黄体ホルモンの働きによるもので、外部から細菌が子宮内へ侵入するのを防ぐ効果がある。

排卵期が近づくと、卵巣から分泌される卵胞ホルモンの量が増加する。卵胞ホルモンは子宮頸管壁の分泌腺から粘液の分泌を促し、かつ、粘液の水分含有量を増すので頸管粘液は流動性になり、量が増える。そして、今まで閉じていた子宮頸管部が開くので、余分の粘液が膣のほうへ流れ出る。

以上は哺乳動物一般に起こる変化で、人間もこれと同じような変化が起こる。

人間で頸管粘液の変化とホルモンおよび排卵との関係が明らかになったのは一九三三年以後である。粘液の変化によって排卵日を推定し、これを避妊に応用するよう提言したのは、オーストラリアのビリング博士で一九七二年以後のことである。

彼は月経終了後の膣粘膜の感触と膣粘液の状態を三期に分け、これから排卵日を予測する基準を示した。膣粘膜の感触は、乾燥した感じ、湿気を帯びた感じ、そして、濡れた感じの三種類に分類する。腟粘液は、排尿の前と後に、ティシュー・ペーパーで陰部を拭うか、あるいは指を腟に挿し入れて付着、あるいは採取したものを観察する。毎晩、その日の粘液の状態について総合判断して記録する。腟粘膜の感触と粘液の性状は月経周期中、次のように変化する（表5—1）。

月経が終わったあとの三、四日間は腟粘膜が乾いた状態で、粘液はない（一期）。そのあと、腟は湿気を帯びた感じになり、少量の粘液が出るが、粘液は不透明で、黄色を帯びており、粘りがある（二期）。この状態が平均三・三日続く。

次に、腟が濡れて滑りがよくなる。そして粘液の量が増加する。粘液は透明で、鶏卵の白身のような状態をしており、弾力性があって滑らかである。指を腟の奥に入れ、突出している子宮外口から流出している粘液を指先にとり、親指と人差し指でつまみ、この指をゆっくり離すと、粘液は糸を引いて四センチから一五センチメートルくらいに伸びる（図5—8）。この状態が約三日続く（三期）。三期は動物の発情期に相当する。粘液量は最後の日にもっとも多くなり、この日をピーク・デイと呼んでいる。排卵はピーク・デイか、またはその翌日に起こる。三期のあと、腟は再び二期と同じ状態に戻り、これが二日くらい続いたあと一期になり、これが次の月経まで続く。

腟粘膜の湿潤度と粘液の変化を正確に見分けることができるようになるには、三周期くらい練習が必要である。そのうえで、三期が何日続くか、そして、基礎体温との関係をあらかじめ調べておく。これらの準備ができたならば、頸管粘液法は排卵日の予知に大変便利な方法である。

表5-1　月経周期中の膣の感触と粘液の変化

	月経	1期	2期	3期	2期	1期
日数	5.0	3.5	3.3	3.3	13.5	
膣の感触		乾いている	湿りけ	濡れている 滑りが良い	湿りけ	乾いている
粘液の性　状		粘液なし	少ない 黄色か白色 不透明 粘りあり	多い 卵白状 透明 弾力あり	少ない 不透明 粘りあり	粘液なし

E. L. Billingsら（1972）の指標を示した。日数は世界保健機関が五カ国の女性687人の6472周期から得た平均値を示す（1983）。
粘液量のもっとも多い日（3期の最終日）がピーク・デイで、この日に排卵の確率がもっとも高い。

図5-8　第三期の膣粘液

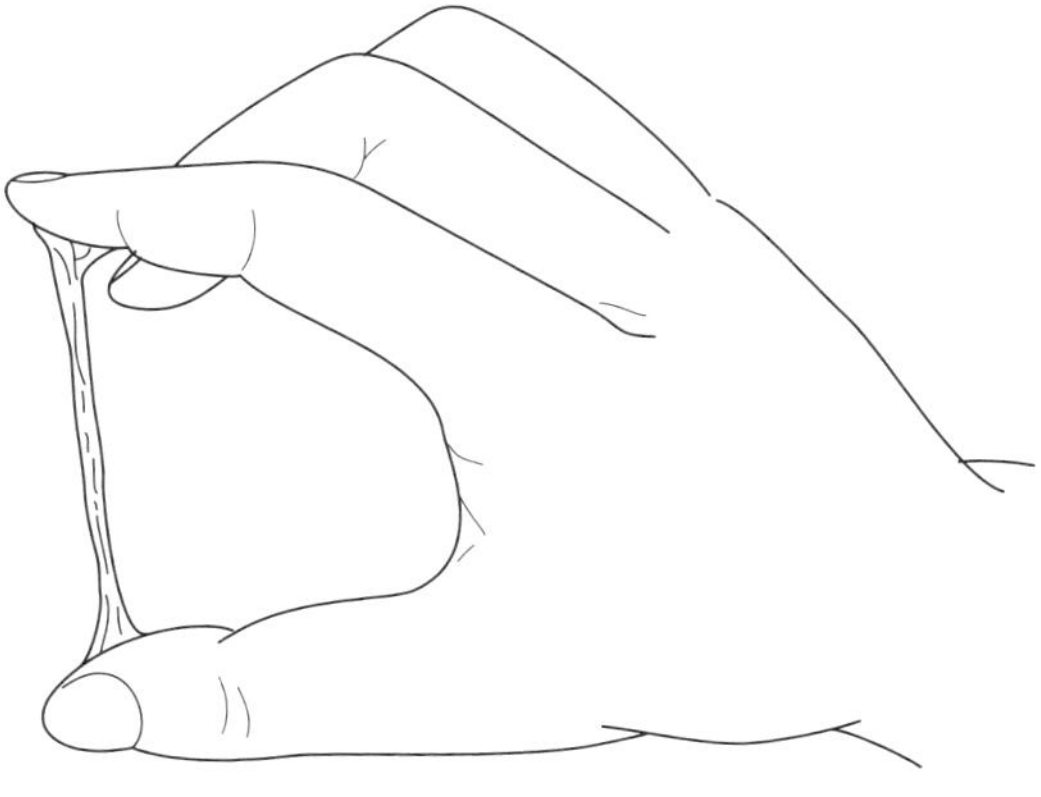

月経周期の中ごろになっても粘液が流動性にならず、分泌増加がなければ、卵胞ホルモンの分泌量が少ないとか、慢性の頸管炎が疑われるので、医者の診察を受けることを薦める。

中間痛（排卵痛）

人によっては、月経と月経の中ごろ、ちょうど排卵の前に相当する時期に下腹部に痛みを感ずることがある。これを**中間痛**とか排卵痛という。この痛みがなぜ、そしてどこが痛むのか、詳しいことはわかっていない。強く感ずる人は六、七％だが、弱い痛みを感じる人を含めると四〇％の女性が中間痛を感じるという。

オハィリハイ博士らの調査によると、中間痛を感じた女性三四人のうち七七％がLHピークと同じ日に感じている。そして九七％が排卵以前に感じている。だから、中間痛があると、二四時間以内に排卵が起こるとみてよい。

LH検査法

排卵の時刻をいっそう正確に知る方法としてLHサージを検出する方法がある。LHサージと排卵との時間関係は図5―4に示した。排卵予知の指標としてはLHサージのピークよりも開始時期のほうが信頼できるといわれている。開始時期については研究報告によって多少異なるが、早朝から正午までの間に始まることが多いようである。

血液中のLHを測定するほうが正確であるが家庭ではできない。しかし、血液中のLHは二〇分経つとその半分が尿に出てくるから、尿のLHを調べることで十分間に合う。家庭で簡単にできる検査用キットが販売されており、検査法が図入りでわかりやすく説明してある。メーカーは検査法の簡易化と所要時間の短縮につとめ、数分で検査できるキットが販売されている。

使用に際しては、あらかじめオギノ式と基礎体温法によっておおよその予定排卵日を決めておき、その二、三日前から毎日尿を取って検査する。早朝尿と、午後五時から十時までの間に取った夕方尿を検査する、一日二回検査が好ましい。一日一回の場合は一日のどの時刻でもよいが、決まった時刻に採尿することが大切である。採尿前に大量の水分をとるとLHの濃度が薄まる。

人間の排卵予知ははじめ避妊の目的で研究されてきた。ところが、人工授精や体外受精が盛んに行なわれるようになって、卵胞の発育状態から排卵時刻を正確に予知することが必要になった。これに対応して、超音波断層法や高感度のホルモン測定法が利用され、排卵時期を時間単位で予知できるようになった。尿中LHの測定もその一つである。

しかし、前章で述べたように、女性の体内に放出された健康な精子は少なくとも三日間は新鮮な精子と同じ受精能力を保っているので、タイミング妊娠法には日単位で予知するオギノ式、基礎体温法、頸管粘液法で十分間に合う。

人によっては、ホルモンは普通に分泌され、排卵も起こっているのに、体温が黄体ホルモンに反応しないため高温期にならないことがある。こんな人は頸管粘液を調べるとはっきり変化があり、尿中LHを調べるとLHサージがある。このような場合、頸管粘液と尿LH検査によって排卵期を推定して妊娠できたという例が報告されている。だから、オギノ式、基礎体温法、頸管粘液法の一つだけでなく三方式を並行して記録することが望ましい。

※LH検査用キット（排卵日検査薬）のご購入はお近くの薬局にご相談ください。

4 三方式併用で予定排卵日を決める

新鮮な精子と卵子が受精するように性交のタイミングを決めるにはどうすればよいか。順を追って説明する。

① 計画妊娠の六カ月前から月経周期、基礎体温、そして、子宮頸管粘液の変化を記録する。それにはあらかじめ図5—9のような記録用紙を作る。記録紙には、頸管粘液のピーク・デ

図5-9　月経周期の記録

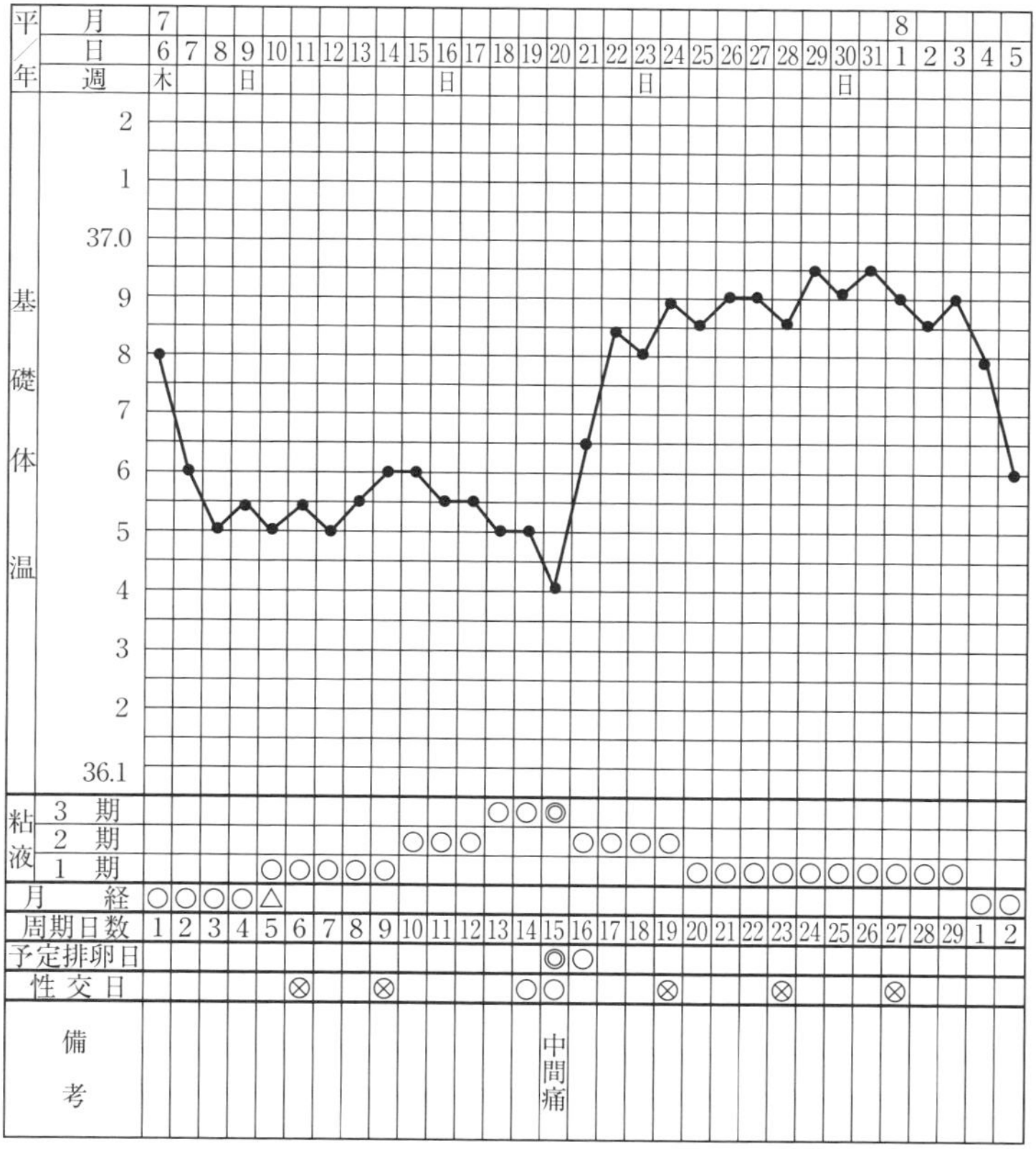

ーに二重丸を記入する。性交日と中間痛の日も記入する。また、風邪をひくとか体調に変化があれば必ず記録する。これは基礎体温の上昇が生理的なものか、病気によるものかを判断するのに必要である。このよう

な記録は婦人科医の診察を受けるときにも役立つ。

もし、記録をつけ始める前に経口避妊薬（ピル）を使っていたら、ただちに使用を止めてコンドーム避妊に切り代え、月経周期が正常になるまで待つ。ピル使用中の月経周期は人工的につくられた周期であるから排卵がない。これを排卵を伴う正常周期に戻さなければならないので、ピルを止めてから計画妊娠まで、少なくとも四カ月くらい間隔を置かなければならない。これによって周期が正常に回復すると同時に、脂肪組織に残留していたピルのホルモンが一掃される。低容量ピルならばその必要はないといわれるが、それでも一カ月は待ったほうがよい。

② 各周期ごとにデータから予定排卵日を推定する。

オギノ式　（月経周期の日数から一四日を差し引いた日が予定排卵日）。

基礎体温法　低温期の最終日が排卵日

子宮頸管粘液法　ピーク・デー、またはその翌日が排卵日。

三方法によって予定排卵日を決定したら二重丸を記入する。排卵日を一日に絞ることができなければ、多分この日だろうと思う日に二重丸を、この日かもしれないと思う日には一重丸を記入する。次に、排卵日と頸管粘液の関係をみて、頸管粘液の変化から排卵日を推定できるようにしておく。

約六カ月間このような記録をつけると、大体自分の排卵日がわかり、**頸管粘液から予想できる**ようになる。これでタイミング妊娠法の準備が揃ったので、いよいよ本番ということになる。

上記の三方法でも排卵日がはっきりしないとか、排卵時刻をより正確に知りたいと思えば、尿のLHを調べるとよい。その結果、LHの増加（LHサージ開始）があったら二〇時間以内に性交する。もしLH反応が大きいなら（ピーク値）六時間以内に性交する。排卵時刻については図5―4（一一七頁）を参考にするとよい。

5　性交のタイミング

妊娠を目的とした性交を行なう周期には、図5―10のように、月経終了後から禁欲するか、または、コンドームを使って避妊する。これは老化精子に卵子を先取りされることを防ぐためである（一三四頁参照）。そして、遅くても本番の四日前から禁欲して精子を十分に蓄える（五五頁参照）。

性交は、一回の場合は予定排卵日の前日に行なう。二回の場合は前日と予定排卵日に行なう。それでもなお基礎体温が上がらない場合は、それ以上性交を続けないで、妊娠計画を次の周期に延期する。

排卵は予定排卵日の未明から午後の深夜までの間のいつ起こるかわからない。だから、排卵日だけ性交すると、性交が排卵のあとになることが多い。しかも、射精された精子が受精能力を獲

図5-10　性交のタイミング

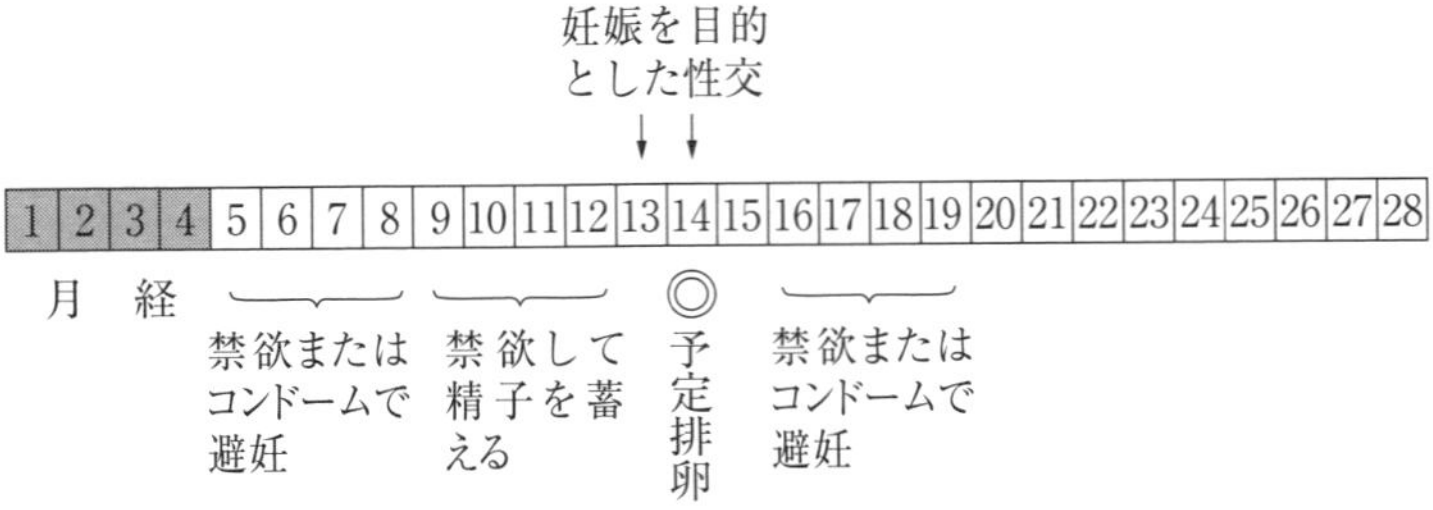

得するには女性の体内に入って二、三時間かかるから、受精はますます遅れる。その間に卵子の多くは老化し、老化卵子が受精すると、オカルト妊娠になるか、ダウン症のような先天異常の子どもが生まれるおそれもある。

ゲレロとロジャスの報告（一九頁）によると、妊娠率は排卵日の前日に性交したときが最高で、最高値を一〇〇％とすると、排卵日性交の妊娠率は六七％、排卵前々日の性交では六三％であった。三日前と一日後性交では共に五五％。性交日がそれより離れると妊娠率は急に小さくなった。英国医学研究センターの統計学者J・P・ロイストンも五一五組の妊娠夫婦の性交日別妊娠率を調べて一九八二年に報告しているが、この報告でも妊娠率は予定排卵日の前日に性交した場合が最高で、これを一〇〇％とすると、排卵日の二日前性交が五〇％、排卵当日性交は三〇％であった。排卵日性交による妊娠率の順位は、ゲレロらの結果では二位であったが、ロイストンの結果では三位、即ち二日前性交より低かった。

排卵日前日性交の妊娠率がもっとも高い理由は次のように考えられる。射精された精子群は、その中の元気な精子が卵管に到達し、貯蔵所に結合して、少なくとも四八時間は射精時と同じ元気な状態で貯蔵される。だから、予想排卵日の前日に性交すれば、翌日排卵する卵子はもとより、仮に排卵が一日遅れたとしても、卵子はすべて排卵直後の新鮮な状態で元気な精子と受精することになる。

排卵日前日と排卵日の二日性交しておけば、かりに、排卵日の性交が排卵の後になったとしても、その時点で卵子はすでに前日性交による精子と受精しているから、老化卵子が受精することはない。そして、運がよければ、排卵日性交によって放出されたとびきり新鮮な精子が受精して、優秀な子が生まれる可能性がある。約二五％の女性は高温相第一日（予定排卵日の一日後）に排卵するといわれるが、そのような場合でもこの性交法を行なえば、卵子は排卵直後に元気な精子と受精することができる。

いろいろ注文をつけているように思えるが、精子には貯蔵所があるのだから、予定排卵日の一日前に性交しておけば、まず安心である。大切なことは、排卵時刻にこだわり過ぎないことである。たとえ性交が遅過ぎたため老化卵子が受精するようなことがあっても、そのような胚は大部分がオカルト妊娠で終わり、先天異常の子どもが生まれる確率はきわめて小さい。むしろ過度に神経質になり、そのストレスによって排卵が遅れることのないよう注意しなければならない。

6 オルガスムはタイミング妊娠法の効率を高める

オルガスムは生理不順対策の一つ

低温相が二〇日以上続くとか、低温相から高温相への移行が緩慢で三日以上かかるとか、高温相が九日より短いとか、低温相と高温相の平均差が〇・三度以下ということなどがある。いわゆる生理不順である。生理不順の症状は重複して起こることが多い。低温相から排卵、高温相、月経と変化する月経周期には、いくつかのホルモンが調和を保ちながら相互に連係し合って作用している。だから、どこかの段階で狂いが起こると、全体の調和が崩れる。たとえば、低温相初期のFSHの分泌量が低いと卵胞の発育が遅れ、卵胞から分泌される卵胞ホルモンが少なくなる。そうなるとLHサージが遅れて低温相が長くなる。LHサージの分泌量も低くなるから排卵に時間がかかり、低温相から高温相への移行が緩慢になる。また、このような卵胞から形成される黄体は黄体細胞の数が少ないから黄体ホルモンの分泌が少なく（黄体機能不全）、高温相が短くなる。

では、このような生理不順を起こす原因は何か？　主な原因として、運動不足、不規則な生活、すなわち、生活リズムの乱れと、日常生活の中で受ける諸々のストレスがあげられる。

地球上の生物は、昼と夜の明暗のリズムのなかで生活しており、生物の体はこのサイクルに順応して活動している。これを日周リズム（サーカディアン・リズム）という。ホルモンの分泌も日周リズムに沿っている。もし、あなたの基礎体温グラフが正常でなければ、ライフ・スタイルに不健康な点がないか点検しよう。夜更かしなどの不規則な生活、運動不足、無理なダイエットによる栄養の偏り、スタイル保持のため体に無理な圧迫を加えていないか、夏期ならば過度な冷房、などなど。もし気がつくことがあれば、ただちに改善しよう。

しかし、複雑な近代社会で生活する我々にとって、これは言うは易く行なうは難し、である。では、他に取り付きやすい手段はないか？　一つある。効果はあまり期待できないが、**性交時にオルガスムを高め、これによってＬＨサージを促進することである。**本項ではこれについて述べる。

それでもなおグラフが正常にならなければ、医者の治療を受けることを勧める。生理不順に有効な薬や治療法がいろいろ開発されている。

オルガスムは排卵を早める

ウサギ、ネコ、ミンクは交尾したときだけ排卵するので「交尾排卵動物」という。これに対し、人間をはじめ、牛、山羊、羊、ネズミなど、ほとんどの哺乳動物は、交尾による刺激がなくても、日周期リズムに従って性周期のほぼ決まった時期に、自動的に排卵する。このような動物を「自然排卵動物」という。

交尾排卵動物の雌は、雄との接触、すなわち雄の臭いや雄の前戯によって起こる性的興奮、興奮の頂点であるオルガスムの刺激、さらに、交尾による膣への接触刺激、これらの興奮や刺激はすべて視床下部を刺激して下垂体からLHサージを引き起こす。たとえば、雌ウサギには発情周期がなく、卵胞が次々に発育して十数個の成熟卵胞が常に待機しており、いつでも雄の交尾を許す。交尾すると激しく興奮して、LHサージを促し、約一二時間後に排卵する。だから、常に新鮮な精子と卵子が受精する。大変効率のよい繁殖法である。

一方、自然排卵動物は日周期リズムの下で飼育されておれば、卵胞期の終わりの排卵日に自動的に排卵する。それでは、排卵日以外の日では、たとえ外部から強い性的刺激を受けても排卵しないかというと、必ずしもそうとは言い切れない。排卵日の数日前でも強い交尾刺激があればLH分泌が増加し、排卵することがネズミや羊、サルで証明されている。

前戯は受胎率を高める

雄豚は、発情した雌豚を発見すると、体をすり寄せ、興奮して特有の鳴声を発しながら求愛する。そして口から泡を吹く。泡には雌豚の性欲を刺激するフェロモンが含まれている。雄はさらに、雌の陰部を鼻先でこすったり舐めたりする。このように、雄豚は、雌豚の視覚、聴覚、嗅覚、触覚と、すべての感覚を刺激したうえで交尾する。ほかの動物も豚と大同小異の前戯を行なって雄雌共に興奮した状態で交尾する。

人間は室内の環境がつくりだすムードによって前戯と同じような性的刺激を受ける。ムードや前戯がもたらす感覚刺激は大脳に伝わり、さらに大脳から視床下部に伝わって性中枢を刺激する。これと並行して前戯は、大脳を経由しないで、直接視床下部の性中枢を刺激する。両経路によって刺激された性中枢の興奮は大脳辺縁系に伝わり、ここで**性欲**を形成し、抱擁のような性行動を起す。男性では陰茎勃起のような性反応が現われ、女性はバルトリン腺から愛液（潤滑液）を分泌する。性中枢の興奮は、また、同じ視床下部にある性腺刺激ホルモンの中枢を刺激し、下垂体からFSH、LHなどのホルモン分泌を促進する。以上の反応は男も女も同じように起こる。女性では、FSHやLHの増加が卵胞の発育をいっそう促し、卵胞内の卵子の成熟に拍車をかける。また、卵胞ホルモンの分泌が増加し、その刺激によって子宮頸管粘液の分泌が増え、頸管内の環境は精子にとって好ましい状態になる。男性では、男性ホルモンの分泌が増加して射精される精子数や精液量が増える。

前戯やムードづくりにはこのような効果があるから受胎率を高くする。それを証明する実験がある。ただし、人間では実験できないから、動物実験の報告を紹介する。

雌豚の腰を手で押さえると逃げ出すが、発情しているとその約半数は逃げないで、交尾姿勢をとる。だから、この手押し法によって発情雌豚を発見することができる。

また、精管を糸でくくって精液がでないようにした雄豚を使って発情雌豚を発見することもできる。この雄豚は発情雌豚を発見すると、前述のように、入念な前戯をしたうえで、雌豚の背に乗りかかる。このとき雌豚が発情しておれば、性的に興奮して雄豚が乗りかかるのを許す。

この二つの方法を使って選び分けた二群の発情雌豚に、同じ雄豚から採取した精液を人工授精した。発情豚の選別法だけが違い、その他は同じ条件で種付けし、これら二群の雌豚について妊娠率を調べた。

実験の結果は、前戯なしの手押し法で選びだした発情雌豚は五八％が妊娠したのに対し、精管をくくった雄豚が前戯を行なって選び出した発情雌豚は、七六％から八五％が妊娠した。これは前戯によって妊娠率が二、三〇％高くなることを示している。

次に、雄についての実験を紹介する。人工授精用の精液を雄牛から採取するとき、あらかじめ雄牛を雌牛に近づけて雄を興奮させることがある。これを「試情」と呼ぶ。試情は前戯に相当する刺激である。この場合、発情中の雌牛を使って試情すると、発情していない雌牛を使って試情した場合より精液の収量が一八％も多い。

自然排卵動物も交尾排卵する

自然排卵動物でも強い交尾刺激があると排卵することがある。ネズミでの研究報告を紹介しよう。

雌ネズミでは卵胞期に卵胞が発育すると卵胞ホルモンの分泌が増加し、その刺激によって発情する。同時に、卵胞ホルモンは視床下部の第一中枢を刺激して（一七一頁 図6―4参照）ＬＨサージを誘発し、交尾しなくても自動的に排卵する（自然排卵刺激）。このときもし交尾すると、交尾による刺激も第一中枢を刺激してＬＨサージを誘発する（交尾排卵刺激）。

ある種の神経遮断剤を注射すると自然排卵刺激の伝達経路だけを遮断することができ、排卵が起こらない。この注射をした雌ネズミを雄ネズミと交尾させると排卵する。この場合、交尾刺激の伝達経路を遮断する別の薬を同時に注射しておくと、交尾しても排卵しない。この結果は、第一中枢には自然排卵刺激を伝達する経路と交尾刺激を伝達する経路の二つの経路があることを示す。もちろん自然排卵動物では自然排卵刺激の伝達経路が主流で、交尾排卵刺激の経路は補助的な働きをするに過ない。羊やサルでも交尾によってＬＨ分泌が増加することが確かめられているので、交尾排卵刺激の伝達経路があるに違いない。

哺乳動物でオルガスムが排卵を促進するのであれば人間も例外ではあるまい。

七五年前に荻野久作がオギノ式避妊法を発表して以来、オギノ式を忠実に実行したにもかかわらず、妊娠したという訴えは少なくない。オギノ式の失敗の主な原因は、安全期に性交した精子が貯蔵所内で排卵まで生き続けることにあると考えられる。だが、もう一つの原因として、強いオルガスムがLHサージの放出を促進して予定より早く排卵を起こしたという可能性もある。盲腸炎など、婦人病とは関係のない病気で開腹手術した女性の卵巣を調べた報告によると、オギノ式で安全期とされている卵胞期の前半に排卵が起こっていることがときどきあるという。

こんなわけで、安全期でもオルガスムが激しいと排卵するという推測は以前から学者のなかにあった。この点を調べた二、三の学者がいた。だが、彼らの報告では、それを証明することはできなかった。しかし、いずれの報告者も、調査方法に問題点がないとはいえないので、自分たちの調査だけでこの可能性を否定しきることはできないと述べている。要するに、人間ではオルガスムが排卵を促進するという可能性についてはまだ結論が出ていない。しかし、グラーフ氏卵胞が大きく発育している時期、すなわち、排卵の一、二日前に、激しいオルガスムがあれば、予定より早く排卵が起こることは十分可能性がある。その結果は受胎率を高めることになる。

ウサギは交尾のとき、雄が雌の背に抱きつき、陰茎を腟に挿入すると同時に、雄と雌がひと声高くキーと鳴いて、雄雌同体でバッタリ横に倒れる。そのオルガスムの凄まじいこと、ただただ驚くばかりである。この様子を見ていると、人間でも、これほどの激しいオルガスムがあれば、排卵が起こるに違いないと、だれしも思うだろう。

だが、オルガスムには受胎率向上よりもっと大切な効果がある。それは、オルガスムによって排卵を早めるならば、排卵の遅れによる卵巣内卵子の老化を未然に防ぎ、流産や先天異常による出産を免れることができる。

タイミング妊娠法はオルガスムに達しやすい

前戯やオルガスムが受胎率を高めることは間違いない。子どもをつくるための性交にはオルガスムが必要である。性交のことを「コイタス」という。この語源は「コ・イットウ」というギリシャ語で、「一緒に・行く」という意味である。

日本人はオルガスムを「行く」とか「死ぬ」と表現し、米国人は、「アイ　アム　カミング」とか「アイ　アム　ゴーイング」と表現する。日本語の「行く」に相当する言葉である。オルガスムの表現は古今東西共通のようである。それはともかく、コイタスの語源からいっても、男の一方的満足で終わる性交は性交とはいえない。

月経周期の中ごろに、発育した卵胞から卵胞ホルモンの分泌が増加してＬＨサージを誘発する。それと同時に卵胞ホルモンは、視床下部にある性中枢の感受性を高める。この点は人間も自然排卵動物とまったく同じである。人間は大脳の支配が大きいので動物のようなはっきりした発情行動を示さないけれど、この時期の性中枢は生理的に感受性が高まっている。だから、月経周期の中ごろに性交すると、他の時期に比べてオルガスムに到達しやすい。その意味で、タイミング妊娠法はオルガスムに達しやすい時期に性交する方法であるといえる。

新婚インポテンツを防ぐために

犬やネコの雌は大脳を全部切り取って除いても、本能を支配する視床や大脳辺縁系が残っておれば、これまでどおりホルモンを分泌し、周期的に発情が起こって交尾する。大脳がなくても交尾に支障はない。ところが、雄は大脳を除くと、性ホルモンは正常に分泌しているにもかかわらず、ただちに交尾不能となり、雌が近づいても性的興味を示さなくなる。

ネズミもこれと同じで、雌は大脳の大部分を切り取っても普通に発情し、ほぼ正常に近い交尾行動をするが、雄は脳の六〇%を切り取っただけで完全に交尾不能、いわゆるインポテンツになる。

このように、**動物の雄の性行動は大脳の支配に依存する比重が大きく、雌の性行動はホルモンによる支配が大きい。**

雄の性は雌よりも精神的影響を受けやすいから、驚いたり環境が変化したりすると、たとえ発情雌が近づいても反応しなくなる。たとえば、雄ウサギを雌ウサギの飼育箱に入れると、雄は不慣れな環境に驚いて、交尾しない。反対に、雌ウサギを雄ウサギの飼育箱に入れると、雄ウサギはただちに交尾行動を開始し、雌はこれを喜んで受け入れる。雄と違って雌の性行動は環境の変化に影響されない。

サルや人間のように大脳が発達した高等動物になると、雌の性行動も雄と同じように大脳に支配される度合が大きい。だから、女性もムードに支配されやすい。

そうはいっても、男の本性が雄であり、女の本性が雌であることに変わりはないから、男と女の性本能には動物としての雄と雌の違いが潜在している。男性の性が女性より大脳の影響を受けやすいのは、雄と雌という性差に根差している。

青年が初めての性体験で、生殖器の大きさとか、性交の不手際などについて相手の女に侮辱されると、生涯性交不能になることがある。新婚初夜に妻が夫を駄目男と非難したばかりに、本当に駄目男になってしまうことは珍しくない。これを新婚インポテンツといって、最近増加の傾向があり社会問題になっている。

一方、女性の性は男性の性に比べ、ホルモンの影響が大きく、大脳の影響は小さいから少々の批判くらいで尻込みすることはない。

人妻となる者はこの点をよくよく心得ておき、冗談にせよ夫の性を侮辱するようなことがあってはならない。さもないと、あなた自身を不幸にすることになる。

第6章

胎児のいのちを保護する子宮環境

1 こんな催奇形毒は親の注意で避けられる

サリドマイド事件の教訓

昭和三十三年に発売されたサリドマイドという催眠薬は、それまでのものと違い、目覚めたときの気分が爽快で大変評判がよく、多くの人が好んで使った。ところが昭和三十六年の秋、西ドイツのレンツ博士が、「妊娠初期にサリドマイドを使用するとアザラシ症の奇形児が生まれる可能性がある」と警告した。日本でこれが社会問題となったのは翌三十七年ころからである。

この事件によって人類は、妊娠中に薬物を使用すると、たとえ母体に害がなくても胎児に奇形を起こすことがあることを初めて知った。胎児に奇形をつくる作用のことを**催奇形作用**という。

この事件を契機に、厚生省（当時）はすでに製造販売されている医薬品について催奇形作用の有無を総点検するよう指示し、同時に、新しく発売する医薬品、食品添加物、農薬については催奇形作用の検査をすることを義務づけた。

昭和四十年代になると、チクロ事件、農薬パラチオン中毒事件、カネミ油症事件、ＡＦ２事件、塩ビモノマー障害など、化学製品による薬害事件が相次いで起こり、薬品の安全性検査がますます厳しくなった。それに並行して、検査方法も進歩し、現在ではよく管理された条件下で検査が行なわれている。

さまざまな催奇形毒

胎児に奇形を起こす疑いがあるとか、動物実験で催奇形作用があると証明された薬品はいろいろあるが、このような薬品を人体実験で試すことはできないから、動物実験の段階で製造が中止されており、はたして人間の胎児に奇形を起こすかどうかはわからない。そのため、人間に催奇形作用があると証明された薬品はきわめて少ない。

次の項で説明するが、催奇形毒は妊娠中のある特定の時期に使用したときだけ奇形をつくり、この時期を避けて使えば害はない。だから、たとえ催奇形作用があっても、病気に対する治療効果が大きく、かつ、これに代わる薬品がないときは、条件つきで製造が許可されることもある。また、化学合成品の中には、塩ビモノマーのように、それ自身に毒作用はないが、体内で毒物に変化するものもある。

個々の薬品について素人が調べることはとうていできない。だが、薬害については、医者も製薬会社も細心の注意を払っているので、妊娠の可能性があるとき、もし病気になったならば、その旨を医者に告げて指示を仰げばよい。それでも医者が必要と認めた薬は服用しなければなるまい。もし、障害児が生まれたら、必ず医者に報告し、妊娠中に服用した薬と障害との因果関係を調べなければならない。これは薬害の拡大防止のために大切なことである。

ところで、肉体の奇形や機能障害のようなはっきりわかる異常を起こす薬物については催奇形調査もそれほど難しくはないが、頭脳の働きに対する微妙な影響についてはチェックできない。内臓や筋肉のように比較的単純な働きをする器官に比べ、考えたり記憶したりする大脳皮質は複雑、微妙な働きをする器官であるから、薬物にはとくに敏感である。副作用がないといわれる薬でも脳細胞はなんらかの害を受けるおそれがある。

だから、もしあなたが賢い子を産もうと望むなら、催奇形毒の疑いがある化学薬品はもとより、安全といわれている風邪薬、頭痛薬、胃腸薬などの一般家庭薬や、食品添加剤でも、妊娠中は極力避けたほうがよい。野菜も農薬が残っているおそれがあるから、よく水洗いして食卓に載せるくらいの配慮が必要である。

人工的に合成した化学薬品が、私たちの体になじむはずがない。妊娠中は病気でないかぎり、化学薬品に近寄らないよう気をつけたほうが賢明である。ただし、催奇形毒による奇形児は奇形児全体の五％前後にすぎないから、催奇形毒について過度な心配は無用である。

催奇形毒が胎児に奇形を起こしやすい時期

催奇形毒は妊娠中いつ使用しても胎児に奇形を起こすというわけではない。奇形を起こしやすい特定の時期がある。たとえば、手足は妊娠六週から生え始めて八週末までにできあがる。この時期に母親がサリドマイドを服用すると、手足の発達が妨げられてアザラシ症という奇形になる。こんな恐ろしい薬であるが、この期間以外であれば、いくら服用しても奇形は起こらない。

妊娠中、胚と胎児は次のような過程を経て発育する。

妊娠二週のはじめに卵子と精子が受精し、受精卵は次々と分裂して一個の細胞から細胞の塊になる。こうして発育した胚はさらに分裂を繰り返し、将来胎児になる細胞の塊と、それを囲む細胞層（これを栄養細胞層といい将来、胎膜と胎盤になる）ができる。ここまでの経過は透明帯の殻の中で進行する。二週の終わりに透明帯が破れ、中から胚が出て子宮に着床する。

妊娠三週は胚が二つの胚葉に分かれる時期である。将来神経や皮膚になる外胚葉と消化器や肺になる内胚葉に分かれる。

妊娠四週に入ると、外胚葉と内胚葉の間に、将来筋肉や骨になる中胚葉ができる。そして、この三つの胚葉から体の各器官の発生分化が始まる。脳の分化も四週から始まる。

妊娠四週から妊娠九週の終わりまでの約一カ月半の間にすべての器官が活発につくられる。こ

図6-1　催奇形物質の影響を受けやすい時期

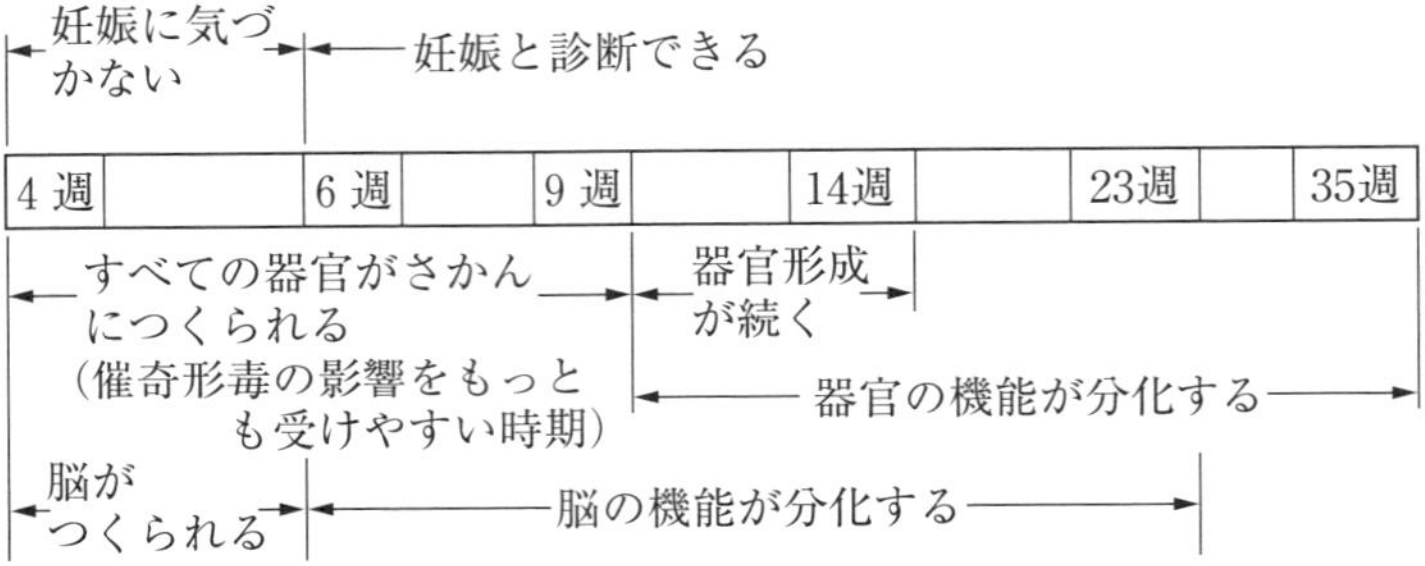

の時期に催奇形毒が胎児に作用すると、奇形を起こす。要注意の時期である（図6―1）。

妊娠四週といえば、まだ妊娠かどうかわからない時期である。だから、不用意に催奇形毒を服用するおそれが多分にある。もしそういうことがあると、腹の中の胚に奇形を生じ、胚は流産するか、さもなくば、先天性奇形児として生まれることになる。

タイミング妊娠法を行なったときは、初めから妊娠のつもりでいるから、この時期に注意を払うことができる。タイミング妊娠法ならではの利点である。

副生殖器の分化は妊娠九週から始まり一六週に完了する。これについては、第3節で説明する。

器官の分化がひととおり終わって、胎児になると、引き続いて各器官の機能分化が始まる（図6―1）。機能分化がいつごろ完了するのか、それぞれの器官について詳しいことはまだわかっていない。

考えたり、記憶したりする大脳皮質の機能分化は妊娠二三週（妊娠六カ月）ころまで続くようである。だから、妊娠四週から二三週までは大量のビタミンA剤やワルファリン（これは抗凝血剤で血栓塞栓症に使う）、サルファ剤、フェノチアジン系駆虫剤のように中枢神経の催奇形毒であることがわかっているものは避けなければならない。ビタミンAについては、妊娠前三カ月から妊娠三カ月までに大量（一万国際単位以上）服用すると口唇裂や水頭症などの先天異常の出現率が高くなることが指摘されている。その他に催奇形毒の疑いがある薬品とか、そうでなくても、化学工業品はできるだけ避けたほうがよい。自動車の排気ガスなどにも注意を払わなければならない。

アルコールの害

子どもをつくる目的の性交をするとき、女性の飲酒は控えなければならないことはすでに述べた（八二頁）。では、妊娠中はどうだろうか。

妊娠中にときおりアルコールを飲む程度では、胎児に影響はない。しかし、少量といえど常用すると自然流産率が高くなる傾向がある。

注意すべきは母親のアルコール依存症である。キッチン・ドリンカーといって、主婦が台所で気晴らしにお酒を飲んでいるうちに止められなくなり、アルコール依存症になることがある。依存症になると、一日に日本酒にして四、五合相当の酒類を飲まないではいられなくなる。こうなると胎児は大変な被害をこうむる。

アルコールは神経に影響する毒物であるから、母親がアルコール依存症であると、胎児の脳神経が犯され、小頭症や知的発達の遅れ、細かい動作ができない、などの機能障害が現われる。また、低体重児や出生後の発育不良などの発育障害、左右対照でない特異な顔つきをした容貌障害など、胎児性アルコール症候群といわれる障害児が生まれる。

アルコールはまた、奇形を起こす作用の他に、胎児のヘソ動脈を収縮する作用がある。ヘソ動脈は母体から胎児に栄養を送る大切な血管であるから、この血管が収縮すると胎児へ送る血液が少なくなり、胎児の発育が遅れる。また、血液が少ないと酸素が不足するので、胎児の脳の発育が遅れる。アルコールは、妊娠中のどの時期でもヘソ動脈の収縮を起こして発育を妨げるが、胎児が急速に発育する妊娠末期の飲酒はとくに影響が大きい。

外国の統計によると、胎児性アルコール症候群の子どもが生まれる確率は新生児七〇〇人に一人で、かなり高い。

アルコール依存症の女性には子どもを産む資格はないといえばいいすぎかもしれないが、かりに健常な子どもが生まれたとしても、母親として育児に支障をきたすのではないか。子どもを産もうと決めたら、まずアルコール依存症を治すことが先決である。妊娠計画を立てるのはその後のことである。

最近、胎児性アルコール症候群の原因は、器官が発生分化する時期の母親の飲酒が原因であるといわれるようになった。次に紹介する報告もその一つである。

人間の妊娠四週はハツカネズミでは妊娠七日に相当する。そこで、妊娠七日のハツカネズミに少量のアルコールを注射して七日後に胎児を取りだして調べたところ、目が欠け、鼻と口のあたりに奇形があり、脳が小さいものが高率に出た。この研究者はこの結果から、人間の胎児性アルコール症候群の原因は妊娠四週ころ飲んだアルコールが原因だろうといっている。

実際に、胎児性アルコール症候群の子を産んだ女性を調べてみると、妊娠と気づく前の月にアルコールを飲用していた。このことから、妊娠四週のアルコール飲用の危険を警告した報告がある。

こういう説もあるから妊娠四週から九週ころまでは飲酒を差し控えたほうがよい。

たばこの害

タバコの煙には強力な遺伝毒物が含まれており、精子や卵子の遺伝子や染色体に害を及ぼす。また、ニコチンは毛細血管を収縮するので胚や胎児の発育に有害である。

他の催奇形毒は器官が分化するときだけ作用するが、たばこは酒と同じように、妊娠期間中のどの時期でも胎児に悪影響を及ぼす。とりわけ妊娠後半の発育期の胎児に影響が大きい。ニコチンが胎盤の毛細血管を収縮すると、母体から胎児へ送られる酸素や栄養の供給が少なくなり、胎児の発育が遅れる。酸素不足はさらに脳の発育を妨げ、知能の発達を遅らせる。

米国マリーランド大学のセクストン博士らは七〇〇人以上の妊娠女性について、妊娠の途中で喫煙を止めた女性と、止めないで喫煙を続けた女性から生まれた子どもの体重や認知能力を比較調査した。それによると、喫煙を続けた女性の赤ちゃんの体重は、喫煙を止めた女性の赤ちゃんより平均三〇〇グラム小さかった。また、この子たちが三歳時になったときの発育状態をみると、止めた母の子どもは、止めなかった母の子より、身長が平均〇・五インチ高く、体重は八六〇グラム大きかった。そして、認知能力も明らかに優れていた。

赤ちゃんは胎児期には胎盤を通して、出生後は母乳と間接喫煙の両方から、母親が吸うたばこの有害物質をむりやり吸わされ続けるのである。母親の勝手で喫煙の害を受けるのだから、赤ちゃんはかわいそうである。

セクストン博士らの調査によると、三歳児の発育の遅れは妊娠中の喫煙の害の後遺症で、これらの害作用は妊娠後期での喫煙数によるものだという。また、米国とデンマークの学者らが、妊娠後期に一日二〇本以上喫煙していた女性の子と、妊娠中喫煙しなかった女性の子について、成長後に犯罪を犯す率を比較したところ、前者は後者の二倍であった。

喫煙の害は妊娠後期に影響するようだから、妊娠に気づいた時点で禁煙すれば避けることができるようである。自分が肺ガンになるのは自業自得だが、赤ちゃんまで巻き添えにしないよう、禁煙を励行しよう。

母親だけではない。父親の喫煙も間接喫煙として同じように赤ちゃんに影響する。妊娠プランを立てたら、その時から夫婦揃って禁煙に踏み切ることである。

また、国際ガン研究機関のロレンツォ・トマチス所長は、母親が妊娠中にたばこを吸うと、生まれた子どものガンの原因になる可能性があると警告している。

胎児への悪影響の他に、タバコは女性の生殖器にも害を及ぼす。動物実験によると、ニコチンは卵管の運動と卵管内膜の絨毛の働きを麻痺し、血液の流れを少なくする。フィップス博士らが、子宮頸管、卵管、または排卵に障害のある患者、および子宮内膜炎の患者の合計二〇〇〇人と、不妊歴のない正常分娩患者について、喫煙と生殖障害の関係を比較調査した。その結果、喫煙は排卵障害と子宮内膜炎には関係ないが、頸管障害と卵管障害が喫煙女性に多いことがわかった。

男性では喫煙は精子の数を減少し、運動率を低下させる。さらに、血管を収縮して勃起障害を引き起こす。

喫煙の害が指摘されてすでに三〇年近くになる。その後、周辺の人が吸う間接喫煙も有害であることが報告されるに及んで、文明国では、各国とも喫煙を厳しく制限するようになった。一九八八年四月に施行されたニューヨークの禁煙法はきわめて厳しいもので、公共施設、公共輸送機関、大型店舗等をすべて禁煙場所に指定し、違反者には五〇ドルの罰金が課せられるそうである。世界保健機関は一九八九年から五月三十一日を「世界禁煙デー」とし、たばこを吸わない社会づくりを目指して世界中に禁煙を呼びかけている。

2 注意しなければならない感染症

ウイルス感染

胎児は免疫的に未熟であるから、母親にとっては軽い感染症であっても、胎児にとって致命的な感染症がある。なかでもウイルス感染に注意したい。

胎児感染とは、母親の血液によって運ばれる微生物が、胎盤を通過して胚や胎児に感染するものである。このとき、細菌は胎盤の絨毛組織を破壊しなければ侵入できないので、感染しにくい。胎盤は細菌感染の防壁となっている。これに比べウイルスは絨毛組織をそのままの状態で通過するので、胚や胎児に感染しやすい。

毒性の強いウイルスに感染すると、母親は発病し、胎児は流産か死産する。毒性の弱いウイルスに感染した場合は、母親にはほとんど症状が現われないが、胎児は流産したり、障害児として生まれることがある。なかでも風疹ウイルス、サイトメガロウイルス、パルボウイルスに注意しなければならない。

風疹（三日はしか）はおもに幼児や学童が感染する。麻疹（はしか）より軽い病気で、発熱はほとんどない。発疹がでるが、一、二日で消える。ところが、母親が妊娠するまで風疹に感染したことがなく、妊娠して一六週までにはじめて感染すると、胎児は流産するか、さもなければ、心臓奇形や白内障、緑内障、難聴など（先天性風疹症候群）の先天異常のある子どもとして生まれる可能性が高くなる。妊娠五カ月にはじめて感染した場合ではこれらの先天異常はまれである。妊娠六カ月以後の感染では胎児への影響はない。だから、妊娠一六週までに感染したことがはっきりしておれば、人工中絶を検討することになりかねない。

母親が妊娠する前に風疹に感染したことがあれば、母子共に抗体によってまもられるから心配ない。感染したことがあるかどうかは抗体検査を受ければわかる。もし、感染したことがなければ妊娠計画の二カ月以上前に予防ワクチンを受けておかなければならない。麻疹も風疹と同様である。

風疹はおおむね一〇年周期で大流行する。昭和五十一年から五十二年にかけて日本全土で大流行したので、厚生省（当時）は、昭和五十二年から女子中学生に風疹の予防ワクチンを接種することにした。しかし、接種率は七〇％台で、しかも男子は野放しだったから、六十二年に再び大流行した。そこで、平成元年四月から、麻疹（ミーズル）、おたふくかぜ（マンプス）、風疹（ルベラ）のＭＭＲ三種混合ワクチンを幼児期の男女に接種することにした。ところが、おたふくかぜのワクチンに副作用があり、しかも免疫効果に疑問があることから、平成五年四月以降ＭＭＲ三種混合ワクチンの接種を中止した。そして、風疹と麻疹の予防ワクチンは引き続き接種を義務づけ（義務接種）、おたふく風の予防ワクチンは希望者だけが接種することになった（任意接種）。

サイトメガロウイルス（巨細胞封入体症ウイルス）はヘルペス（疱疹）ウイルスに属するありふれたウイルスで、感染しても症状はほとんど現われない。一度感染すると体内に潜伏する。女性が妊娠すると、潜伏していたウイルスが妊娠の後半に活動を始め、腟の分泌液中に出てくる。だから、多くの人は胎児期または分娩時に母親から感染する。このウイルスは精液にも出るから性交によっても感染する。症状がでないので感染に気づかないが、ほとんどの人が感染して抗体をもっている。しかし、なかには妊娠するまで感染しないで、免疫性をもたない女性が五％くらいいる。このような女性が妊娠中にはじめて感染すると、胎児に先天性巨細胞封入体症という症状が現われる。黄疸や肝炎を起こし、小頭症、知的障害、運動障害などの子どもとなる。

パルボウイルスは犬などの動物が感染する病気だが、最近幼児の頬が赤くなるりんご病（伝染性紅斑）がヒトパルボウイルスＢ19型によって起こることがわかった。感染した幼児がすべて発症するとは限らない。発症しても一週間ほどで治る。ところが、妊婦が妊娠八週から二〇週の間にこのウイルスにはじめて感染すると、胎児に感染し、その五～一〇%が水腫で死ぬ。パルボウイルスは赤血球の元である赤芽球を壊すので胎児は貧血する。貧血を補うために心臓の活動が盛んになって水種となる。奇形児で生まれることはない。

次に　インフルエンザウイルスであるが、これも他のウイルスと同様に、胚や胎児に悪影響を及ぼすはずである。それにもかかわらず、風疹ウイルスほどに社会問題にはならない。これは、インフルエンザが流行しても障害児の出生が目立って増加しないからである。これほど強力なウイルスが流行してもなぜ障害児の出産が増加しないのか。それは、これに感染した胚はほとんどが発育できないで、オカルト妊娠か流産で終わるからだろうと推察される。これを人体で証明することはできないが、実験動物の妊娠初期にインフルエンザウイルスを感染させると流産や奇形児出産が増えることが報告されている。また、妊婦が妊娠初期にインフルエンザに感染すると流産や胎児死亡の頻度が増加する。奇形児出産については増加するという報告が多いが、増加しないという報告もある。

ウイルス病の予防には毒性の弱い生ワクチンが使用されている。生きたウイルスであるから、もし、妊娠中に接種すると、ワクチン・ウイルスが胎児に感染して流産を起こしたり、障害児が生まれることがある。だから、妊娠中とか妊娠している可能性があるときワクチン接種をしようと思ったら、妊娠していることを医者に告げてその指導を受けなければならない。

ネコや小鳥に注意

トキソプラズマは原虫で、ネコ、犬、小鳥の糞から感染する。また、なまの家畜肉、とくに豚肉から感染することもある。二、三十歳代の人の約三〇%はすでに感染済である。大人はトキソプラズマ原虫に感染しても症状はでないが、女性が妊娠中にはじめて感染すると、胎盤を通して胎児に感染することがある。妊娠初期に感染すると流産し、後期に感染すると死産する。生まれてくると先天性トキソプラズマ症という症状が現われる。出生時に症状が現われる激症型では神経系が冒されて水頭症となり、大部分は出生後まもなく死亡する。多くは潜伏型で青年期に網膜異常などの視力障害が現われる。

妊娠すると、保健所はトキソプラズマの検査をすることになっているが、もしあなたがペット好きなら、タイミング妊娠の前に、トキソプラズマ原虫に感染しているかどうか、あらかじめ血液検査をしておくよう勧める。また、肉料理の後は、まな板など調理器具には熱湯をかけ、手をよく洗うよう心がけたほうがよい。

3 危険な妊娠中のホルモン（ピル）使用
──その一　性分化への影響

性腺の分化

精巣と卵巣は子どもの種である精子と卵子をつくる特殊な器官であり、両方を一括して**性腺**という。性腺は子種をつくる他に、ホルモンを分泌する。そして、陰茎、膣、子宮など性腺以外の生殖器官を**副生殖器**という。

男と女の違いは性腺から始まる。妊娠八週の初めまでの胚は男女の区別がなく、男女とも同じ性腺原基をもっている。性腺原基の分化は妊娠八週の中ごろに始まる。

胚の性腺原基はそのままでは卵巣に発育するが、XY型性染色体をもつ胚ではY染色体上に「精巣決定遺伝子」があり、この遺伝子の指令によって、胚細胞は「精巣決定因子」を分泌する。この因子は性腺原基を精巣に分化させる（図6―2）。だから、胚の性染色体がXY型ならば、原基は精巣に分化し、XX型の胚では精巣決定因子が生産されないから、原基は卵巣に発達する。性腺の分化は妊娠九週の終わりまでに完了する。この時点で胚は男児または女児となる。性腺原基は男性ホルモンや女性ホルモンの注射では変わらない。

図6-2　精巣決定遺伝子による性腺の分化

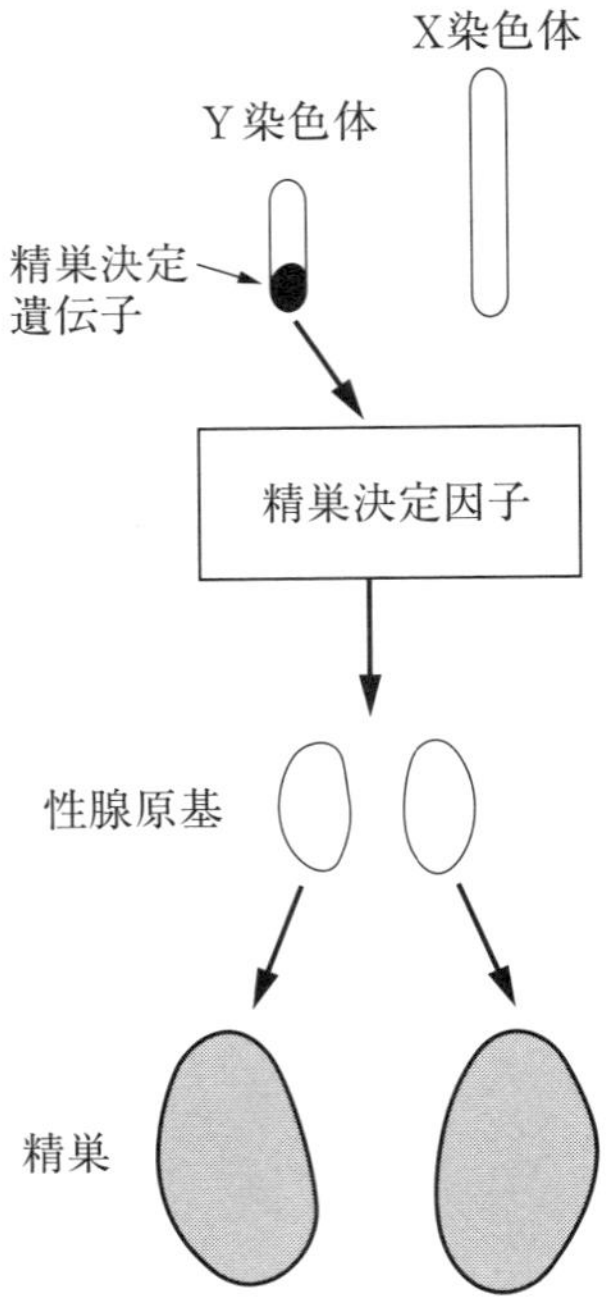

卵巣は胎児期を通じてホルモンを分泌しないが、精巣は分化が始まると間もなく**男性ホルモン**を分泌し始める。このとき分泌される男性ホルモンは、男性副生殖器をつくり、男性の攻撃性、統率力、勇気、筋力、勃起する男根など**男のすべて**を決定する大切な役割を担っている。

副生殖器官の分化

性腺原基と同様に、副生殖器官の原基もそのまま発育すれば女性型に発達する性質をもっている。ところが、男児では妊娠九週ころから精巣が男性ホルモンの分泌を始め、この男性ホルモンが、副生殖器官の原器を男性型に分化させる。女児の卵巣はホルモンを分泌しないから原器は女性型に発達する。次に、副生殖器官の分化について少し詳しく説明しよう。

副生殖器官の原基には男性原基のウォルフ管と女性原基のミューラー管がある。男女いずれの胎児も両方の原基をもっている。

女児ではウォルフ管が退化し、ミューラー管から卵管、子宮と膣の上半分ができる（図6―3）。男児では精巣が分泌する男性ホルモンの働きによって、ヴォルフ管は退化しないで精巣輸出管、精巣上体管、精管、精嚢に分化発達する。その一方で、精巣はミューラー管退化ホルモンを分泌して、ミューラー管を退化させる。

副生殖器官の原基にはこの他に尿生殖洞と生殖結節がある（図6―3）。いずれも男女共通の原基である。女児では前者から膣の下半分とバルトリン腺ができ、後者から陰核、小陰唇、大陰唇が分化する。男児では男性ホルモンが作用して、尿生殖洞から前立腺、尿道球腺ができ、生殖結節からは陰茎や陰嚢ができる。分化は妊娠一六週までに完了する。この時期に生ずる副生殖器官の男女差を**一次性徴**という。

胎児が男児であっても、副生殖器官が分化する時期に男性ホルモンの分泌がないとか、人為的に男性ホルモンの働きを抑えると、副生殖器は女性型に発達する。

思春期になると、生殖器官以外の体型にも男女間の違いが現われる。男ならば筋骨が発達し、髭が生え、声変わりがある。女は骨盤が広くなり、乳房が発達し、皮下に脂肪が蓄積して肌が滑

図6-3　副生殖器の分化

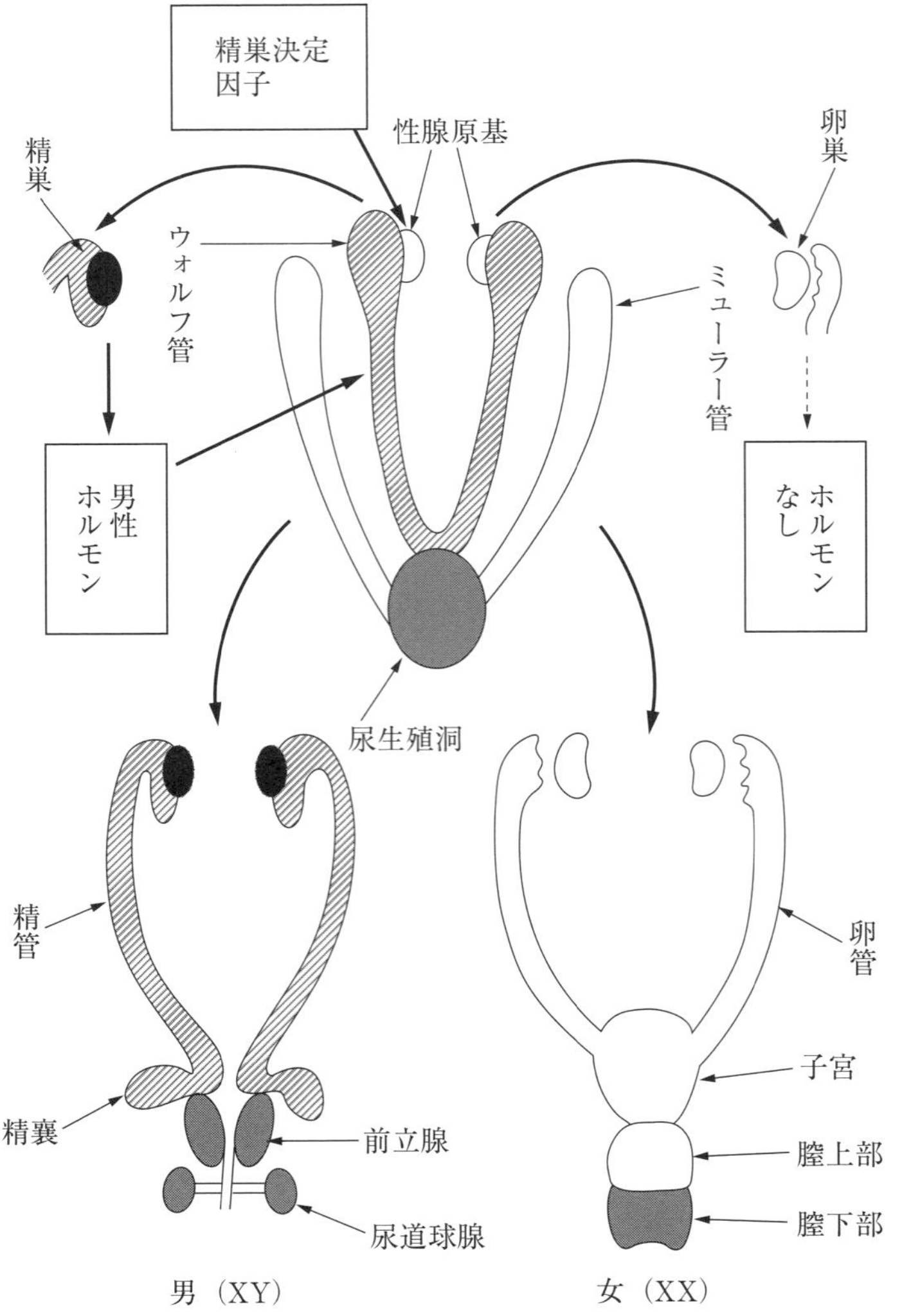

精巣決定因子
性腺原基
精巣
卵巣
ウォルフ管
ミューラー管
男性ホルモン
ホルモンなし
尿生殖洞
精管
卵管
子宮
精嚢
前立腺
膣上部
尿道球腺
膣下部
男（XY）
女（XX）

らかになる。これらの変化は思春期に精巣や卵巣から分泌される性ホルモンの働きによって起こる。この時期の変化を二次性徴という。

妊娠中のピル使用で半陰陽の子

胎児が女児であっても、妊娠九週から一六週の間に男性ホルモンが作用すると、副生殖器官が男性型に発達する。だから、もし、女児を妊娠している母親がこの時期に男性ホルモンの注射を受けると、胎児の陰核は男の陰茎のように大きく発達し、左右の陰唇がくっついて膣の割れ目が消え、男性化する。男性化の度合いは、女性型に近いものから男性型に近いものまで、さまざまである。このような症状を半陰陽という（動物では間性）。

昔、仏教に変成男子《へんじょうなんし》という説があった。これは、女は成仏できないから、祈りによって胎児期に男に変わって生まれ、成仏を目指す、という信仰である。男性支配社会における女性蔑視の思想であるが、もしこの時代、男性ホルモンによって女児の生殖器が男性器に変わることを知っていたら、このホルモン療法が乱用されただろう。

一九五〇年代に、黄体ホルモンが習慣性流産の予防に効くといわれて、欧米でこの治療法が流行した。ところが、黄体ホルモン治療を受けた女性から生まれた女児の一八・五％は生殖器が男性化していた。陰核が陰茎のように大きく伸び、陰唇の一部がくっついて膣口が狭くなっている。

後で述べるが、生殖器官の男性化に加えて、脳の働きにも男性化の傾向があった。また、黄体ホルモンだけでなく、卵胞ホルモンも女児を男性化する。

黄体ホルモンや卵胞ホルモンが女児を男性化するのは、これらのホルモンが母親の副腎に作用して、副腎から男性ホルモンの分泌を増加することによると説明されている。

ホルモンの被害を受けるのは女児だけに限らない。母親が黄体ホルモンを使用すると、男児の陰茎の下側に膣のような割れ目ができて、生殖器が女性型になることがある。これについては、胎児の精巣から分泌される男性ホルモンの働きを黄体ホルモンが妨害することによると説明されている。黄体ホルモンによって男性ホルモンの働きが弱くなるということである。理由はともあれ、妊娠中のホルモン治療には注意しなければならない。

とくに気をつけなければならないのは、妊娠に気づかないで、ピルの服用を続けることである。ピルは合成黄体ホルモンと合成卵胞ホルモンを含んでいるから、この二つのホルモンが、状況によって男性ホルモンの分泌を促したり、あるいは男性ホルモンの分泌を抑えたりして、女児を男性化したり男児を女性化したりする。また、合成黄体ホルモンのなかには男性ホルモンの働きをするものもある。ことはきわめて複雑であるが、要するに、**妊娠九週から一六週までは、ピルを使用しないよう**気をつけなければならない。たばこもよくない。ピルとたばこの両方を服用すると、異常児の出産率が、両方とも服用しない婦人の一三倍も高い。外国では、もし、妊娠していることに気づかないでピルを使用した場合には、中絶を考えるよう指導している。

避妊目的のピルの服用は、妊娠していないことが確実な月経開始から五日以内に開始することになっている。これは上述の危険を避けるためである。

4 危険な妊娠中のホルモン(ピル)使用 ―その二　生理や本能行動への影響

LH分泌を支配する二つの中枢

男と女では一次性徴、二次性徴のほかに、体の生理や本能行動にも違いがある。生理の男女差として、女には月経周期があるが男にはない。動物の雌には発情周期があって排卵の前だけ発情するが、雄には発情周期がなく、雌の性的刺激があればいつでも発情する。月経周期と発情周期は同じ性格のものであるから、両者をひっくるめて**性周期**という。人間も女性は周期的に排卵し、動物の雌と同じように、排卵期の前に卵胞ホルモンの分泌が増加するので、生理的発情が起こっているはずである。ところが、人間は大脳皮質が発達しているので、生理的発情があっても理性や感情の蔭に隠れてほとんど意識されない。しかし、月経周期中の性交

図6-4　LH分泌を支配する二つの中枢

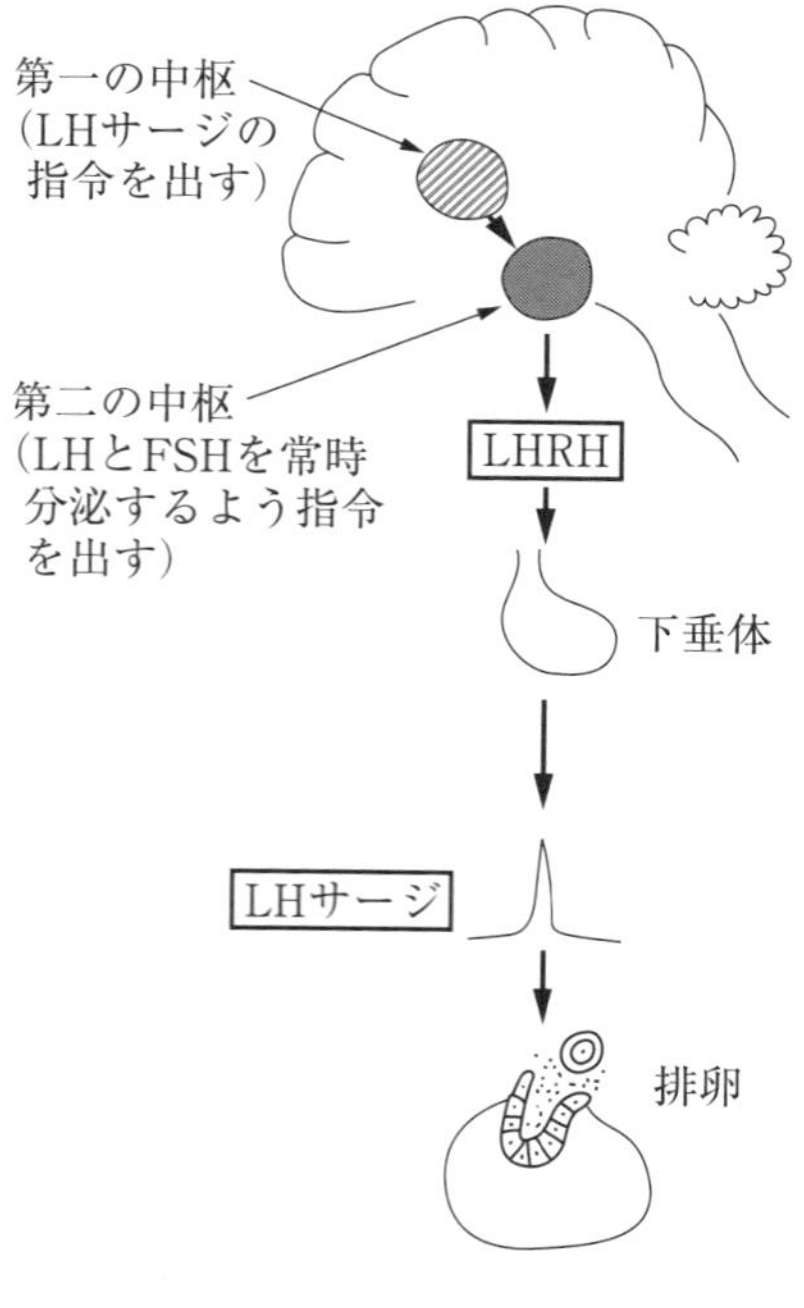

頻度を調べた報告によると、性交頻度は排卵期がもっとも高い。これは女性に生理的発情周期が潜在している証拠と言えよう。

発情期の動物は雄雌ともに性行動を示すが、性行動の型には性差がある。雄は雌の背に乗りかかり、雌は腰を落として尾を挙げ、雄の交尾を受け入れる姿勢をとる。性行動の基本は雄が雌を追い、雌がこれを受け入れる、という型になっている。人間も基本的には動物と同じである。

生理や本能行動の性差はそれぞれを支配する中枢の性差に由来している。

排卵がＬＨサージによって起こることはすでに述べた。ネズミで調べたところ、雌にはＬＨ分泌を指令する中枢が二つある（図6―4）。第一の中枢は周期的に発情期だけ興奮して、ＬＨサージの命令を第二中枢に送る。これを受けた第二中枢は大量のLH放出ホルモン（LHRH）を分泌する。大量のLHRHは下垂体を刺激してLHサージを起こし、これが卵胞を刺激して排卵が起こる。

第二の中枢はLHサージを刺激する他に、常時少量のLHRHとFSHRH（FSH放出ホルモン）をリズミカルに分泌して下垂体を絶えず刺激する。その結果少量のLHとFSHが常時リズミカルに分泌され、卵巣の機能を、正常に維持している。

雄の第一中枢は胎児期に機能を失う

初期胚では雄雌ともにLH分泌を支配する第一、第二中枢の二つの中枢原基が存在するが、雄では中枢原基の機能が発達する時期に、精巣から分泌される男性ホルモンによって第一中枢原基の機能の発達が妨げられ、第一中枢は機能を失う。その結果、雄は思春期になってもLHサージがなく、第二中枢だけが活動を続け、常時精巣を刺激して男性ホルモンを分泌するので、発情雌を見掛けると何時でも発情して交尾できる態勢にある（図6―5）。

性行動の中枢も雄雌共に雌型に発達する性質をもっているが、これも雄では中枢原基の機能が発達する時期に、男性ホルモンが働いて雄型に分化する。この仕組みをネズミの実験で証明した報告がある。

図6−5　雄の性欲と精子生産の中枢支配

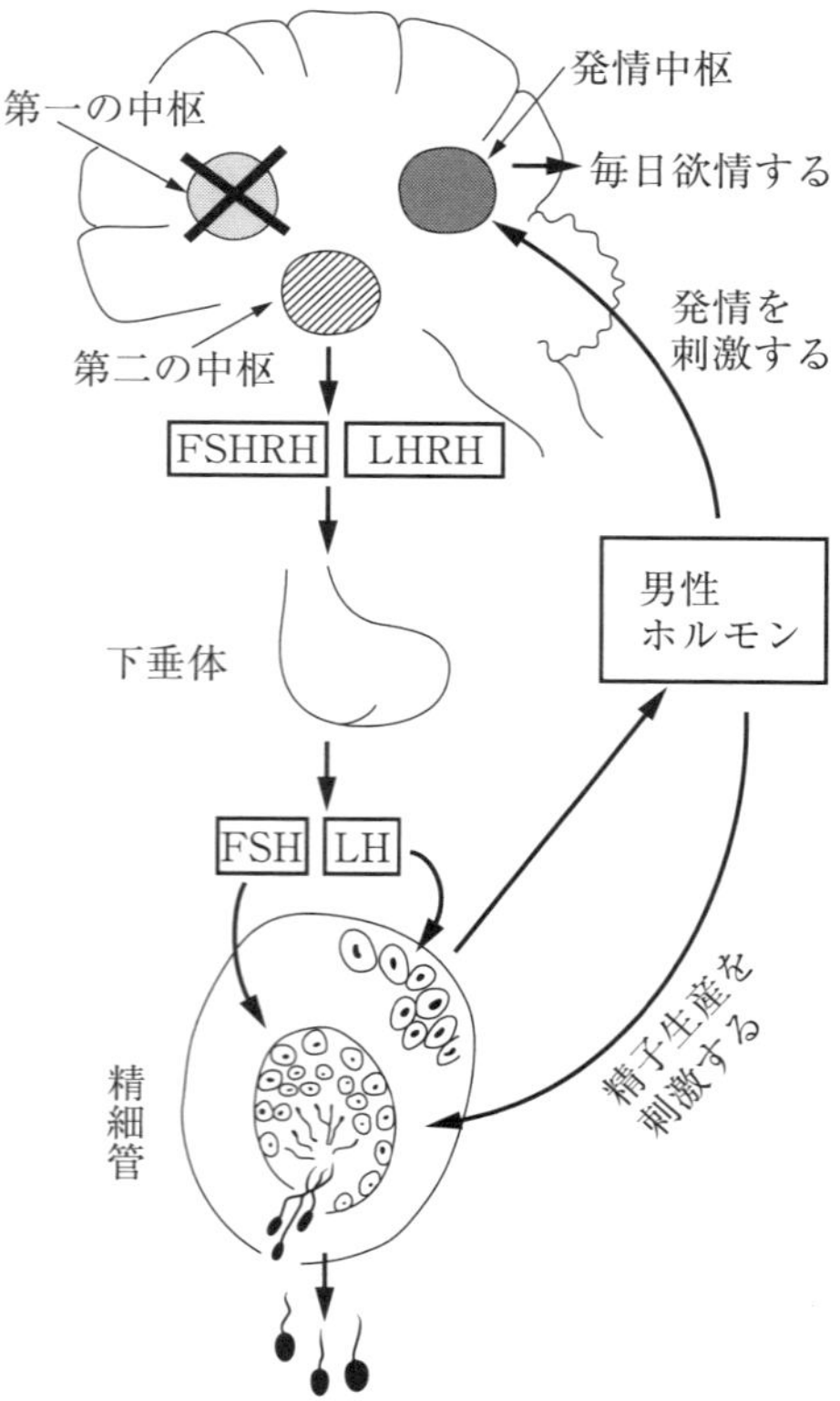

　ネズミの妊娠期間は二二日で、第一中枢と性行動中枢（発情中枢）の機能が雄型と雌型に分化する時期は妊娠一八日ころから出生後五日目ころまでの間である。そこで、生まれて三日以内に雄子ネズミの精巣を切り取って男性ホルモンが出ないようにすると、成長後この雄ネズミは、雌ネズミと同じように、周期的にＬＨサージが起こり、性行動は雌型を示す。

　次に、生まれて五日以内の雌子ネズミに男性ホルモンを注射すると、第一中枢の機能が雄型に分化し、成長してもＬＨサージがなく、排卵しない。発情周期がなく、雄のように常に発情し、

図6-6　男性ホルモンによる性行動の転換

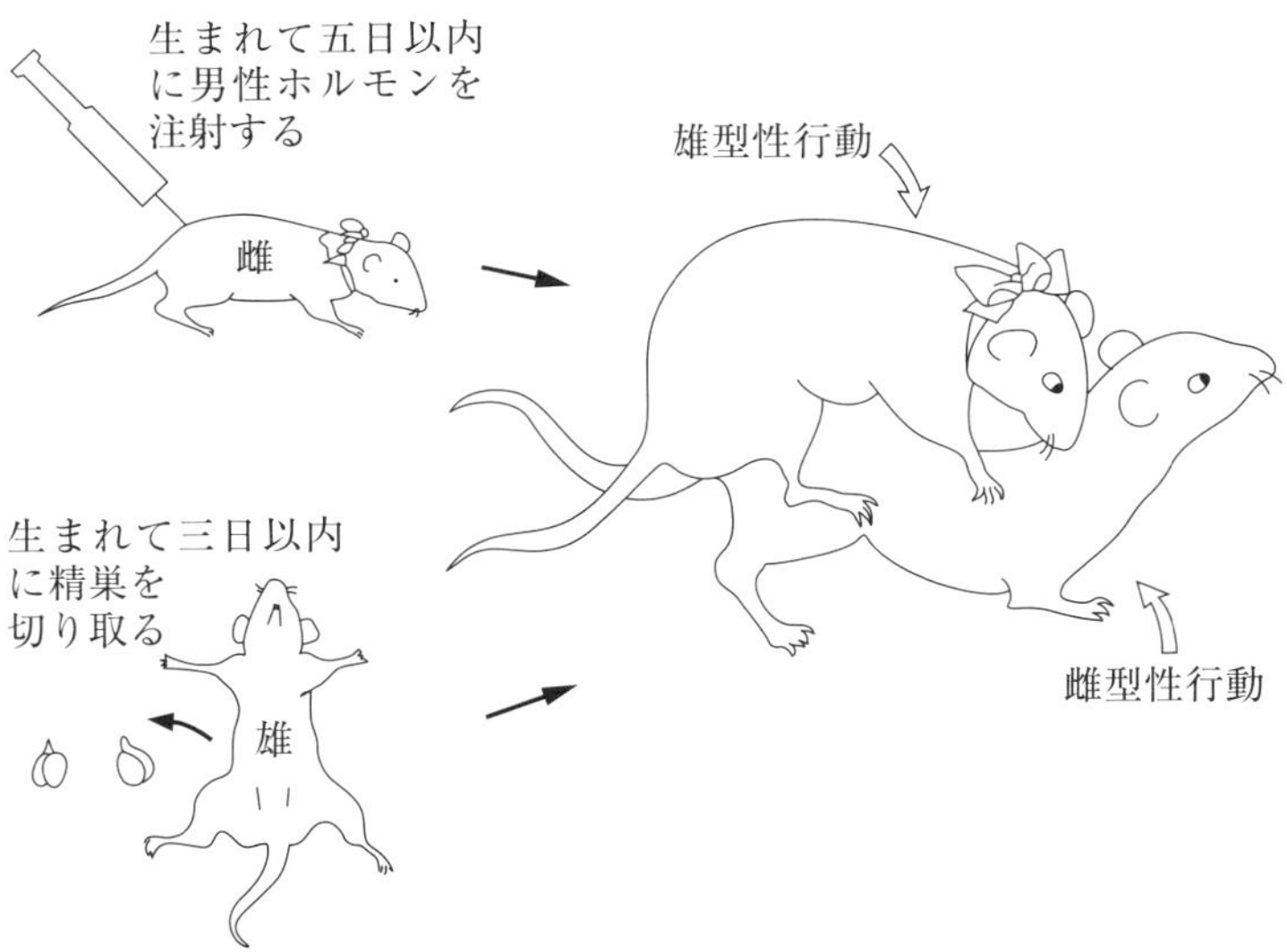

雌を追いかける。このような雌を**ニンフォマニア**（思牡狂、色情狂、すなわち女性における性欲の異常亢進）という。性行動は雄型になる。このような雄と雌をいっしょにすると図6—6のように性の倒錯を見ることができる。リボンをつけているのが雌である。

他の動物のLH分泌中枢と性行動中枢の仕組みも、ネズミと同じようなものと考えられている。

人間も生理的には動物と同じ現象が体内で起こっている。すなわち、女性は周期的にLHサージが起こり、発情排卵する。男性は性的刺激があればいつでも発情する。しかし、人間は大脳皮質の支配が性中枢支配より優先するので、女性も性的刺激があれば男性と同じようにいつでも性交する。

性中枢の機能が雄型と雌型に分化する時期は、羊では妊娠四〇日から六〇日の間で、モルモットは妊娠三三日から三七日の間、豚は妊娠三〇日から七〇日の間、サルは妊娠四〇日から六〇日の間である。これらはネズミと同じような実験によって確かめられている。

ピルは女児の脳を男性型に変える

人間の脳の分化は妊娠六週に始まり、妊娠二三週に完了する。男の胎児で、男性ホルモンが脳の分化に作用するのは妊娠九週から二三週までの間で、この期間に、中枢は男性型に変わる。

もし、女児を妊娠している母親がこの期間に男性ホルモンの注射を受けると、前述のネズミの実験のように、女児の脳が男性型になり、成人しても無月経であったり、ニンフォマニアになったりしないとも限らない。しかし、人間では実験ができないのでこれについて明確な答えはできない。

それでは男性ホルモンを避けたらその心配はないかというと、そうともいえない。この場合、女児の脳を男性型に変えるのは、男性ホルモンが直接中枢に作用するのではなく、脳の中で男性ホルモンが卵胞ホルモンに転換され、生じた卵胞ホルモンが中枢を男性型に変えるといわれている。合成卵胞ホルモンを服用すると、男性ホルモンを注射したと同じように、女児の脳が男性型に変わる。

ピルには合成卵胞ホルモンが含まれていて直接脳に作用する。さらに、合成黄体ホルモンも含まれており、これも一六八頁で述べたように、男性ホルモンと同じような働きをする。合成黄体ホルモンは女児の副生殖器官を男性型にするだけでなく、男児の脳を女性化することがある。ホルモンの働きは複雑である。

ホルモンは雌の性格を変える

動物の雄は雌に比べて攻撃的であるが、この点は人間も動物と同じである。これは思春期以降に精巣から分泌される男性ホルモンの働きによるが、男性ホルモンがまだ分泌されていない幼児期でも男の子は攻撃的である。これは男が生まれながら攻撃的性格を備えていることを示している。

雄が生まれながら備えている攻撃本能も、性行動と同じように、胎児期に本能行動の中枢が攻撃型に分化することによる。この分化も精巣から分泌される男性ホルモンによる。このことをサルを使った実験で説明しよう。

雄ザルは他のサルを威嚇するとか追いかけるなど、乱暴な遊びをする。雌ザルもこのような遊びをするが、乱暴の頻度も程度も小さく、雄と雌では攻撃行動にははっきりした性差がある。
そこで、まず、成長した雄ザルの精巣を切り取って除いてみたが、雌をしのぐ乱暴な行動は少しも収まらなかった。これは、成長後に精巣から分泌される男性ホルモンは雄の攻撃性に大きな影響を及ぼすものでないことを示す。次に、妊娠四〇日ころの妊娠ザルの雄胎児に、男性ホルモン中和剤を注射して、男性ホルモンが胎児に働かないようにした。すると、生まれた雄ザルは雌ザルのようにおとなしいサルに成長した。

また、妊娠四〇日から七〇日の間に男性ホルモンを母ザルに注射すると、腹の中の胎児が雌ならば、うまれたとき、この子ザルの陰核（クリトリス）は雄の陰茎のように大きく発達しており、膣口が塞がっていた。この雌子ザルは生殖器の男性化に加え、乱暴な遊びを好んだ。さらに、子ザルの生殖器が雄型をしているため、母ザルがこの子ザルを雄として扱うので、子ザルはますます雄のようにふるまった。

次に母性行動について説明する。哺乳類の雌は子を産むと、子のそばを離れないで抱いたりお乳を与えたりする。これを母性行動という。雄は母性行動をほとんどしない。これは胎児期に男性ホルモンが雄胎児の脳に働いて母性行動を失わせるからである。

雌ネズミは子を産んだことのない処女ネズミでも、他のネズミが産んだ赤ちゃんネズミに出会うと、口にくわえて巣に連れ帰り、抱きかかえる。雄はこのような行動をほとんどしない。ところが、妊娠一八日から分娩までの間に母ネズミの腹を開いて、子宮内の雌胎児に男性ホルモンを注射すると、この雌胎児は成長後、赤ちゃんネズミに出会っても、雄ネズミと同じように、母性行動を示さない。また、雌犬は腰を落として放尿するが、雄犬は電柱のような垂直な物体に向かって片方の後足をあげて放尿する。この放尿姿勢も胎児期の男性ホルモンによって身につくものである。妊娠した母犬に、妊娠期間の終わりころ男性ホルモンを注射すると、うまれた雌犬は、雄犬と同じように、片足を上げて立ち小便する。

このように、動物では、性行動の中枢の機能が雄型と雌型に分化する時期に男性ホルモンが作用すると、雄型性行動を示すようになることがわかった。では、人間はどうだろうか。人間では実験できないが、昔、中国や中近東には宦官《かんがん》と呼ばれる者がいた。罪を犯した罰として精巣を切り取られた後、王を囲む女たちに仕えさせられた役人である。東ローマ帝国のジュスチニアヌス皇帝に仕えたある将軍は勇猛で聞こえた闘将であるが、じつは宦官上がりであった。彼は、男性の攻撃本能は成長後に精巣から分泌される男性ホルモンの刺激によるよりも、胎児期に獲得するものであることを証明する典型的人物とされている。

妊婦が習慣性流産を予防する目的で妊娠中に黄体ホルモンを服用したところ、生まれた女児の生殖器が男性化していたことは前に述べた（一六七頁）。このような女の子は生殖器の男性化に止まらず、性格も男性化し、おてんばで、人形遊びより男の子たちとの戦争ごっこを好んだという。

妊娠と知らないで誤ってピルを使用すると、このように生まれてくる子どもの性に影響するので、注意しなければならない。

第7章

老化精子の受精を避けるための避妊法

1 リズム法と組み合わせる避妊法

タイミング妊娠法を実行するに当たって重要なことは、老化精子の受精を避けるため、タイミング性交以外の性交では、妊娠しないよう必ず避妊することである。この場合の避妊はオギノ式のようなリズム法を基本とし、これに禁欲、またはコンドームを組み合わせて精子の侵入を完全に防ぐものでなければならない。

リズム法は器具を使わないで簡単に実行できるが、失敗しやすい。リズム法で失敗する最大の原因は、危険期だけ避妊し、危険期前の安全期を言葉どおり安全であると信じて避妊しないことである。リズム法でいう排卵前の安全期が安全でないことは、今まで繰り返し説明してきた。たとえば、ゲレロ博士の報告（一九頁、九七頁）では、出産婦人の一四％が排卵前の安全期に性交して妊娠している。リズム法ではこの点に注意し、安全期でも他の避妊法を併用しなければならない。そうすれば、無害で一〇〇％の避妊効果をあげることができる。

だから、リズム法では月経終了後から約一五日間避妊を続ける。基礎体温法ならば高温期の三日目まで、頸管粘液法ならば三期が終わって次の二期の三日目まで避妊する（図7—1）。高温期の四日目以後から次の月経までは避妊しなくてよい。リズム法の前半に性交する場合の避妊に

図7-1　リズム法との併用による避妊

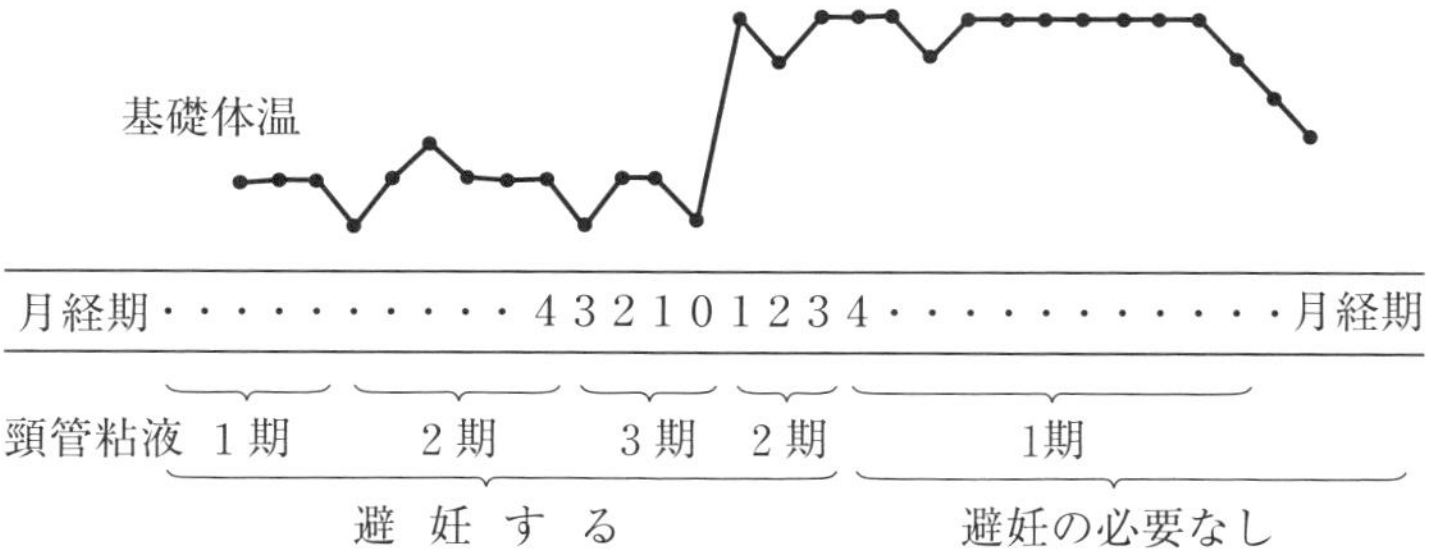

は精子の侵入を防ぐコンドームが適している。

コンドーム

我が国では避妊を実行している夫婦の七、八〇%がコンドームを使っている。医者の指導を受ける必要がなく、自由に入手でき、しかも副作用がなく、性感染症を防止できる。欠点といえば、性感が多少減少することと、性交に関係した器具であるから購入しにくい点である。これらの欠点についてはそれぞれ対策がとられている。性感については膜を薄く強靭にする方向で改良されている。日本製コンドームは非常に薄く、かつ強靭につくられており、超薄型もある。また、製品検査が行き届いており、ピンホール（小さな穴）がない。購入障害については、訪問販売や自動販売機の利用、あるいはスーパーでの目隠し販売などがある。

コンドームによる避妊失敗の原因は、使用中コンドームがはずれたり、射精後陰茎が萎縮してコンドーム内の精液が漏

図7-2　ペッサリーの装着

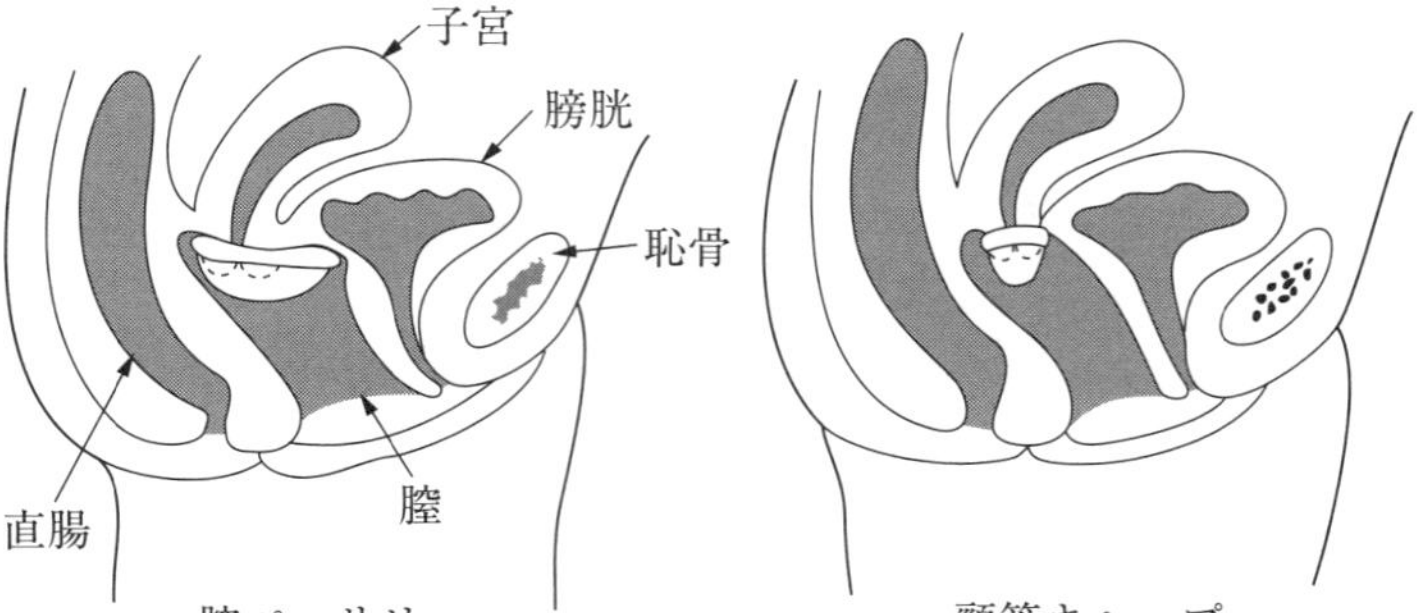

膣ペッサリー　　　　頸管キャップ

れることである。はずれを防ぐには、コンドームにS、M、Lのサイズがあるから、自分に合うものを選ぶこと、そして、行為が終わったら、陰茎が萎縮する前に取りはずすよう心がけることである。これらの点に注意すれば、失敗を避けることができ、一〇〇%避妊効果がある。

ペッサリー

ゴム製、または柔らかい合成樹脂製で、帽子状をしており、縁に金属製スプリングの輪が入っている。これを子宮外口に被せ、スプリングの張力によって保定する(図7―2)。直径は二・五ミリ間隔で、六〇ミリから八五ミリまで一一種類ある。医者または受胎調節実地指導員の資格をもつ助産士か看護士にサイズを測ってもらい、自分に合ったものを選んで、挿入指導を受ける。これについては保健所が相談に乗ってくれる。

ペッサリー単独では避妊効果は不完全であるから、必ず内面に茶匙一杯分くらいの避妊用ゼリーまたはクリームを塗って使わなければならない。ゼリーを単独で使用すると流失しやすいが、こうすれば流失を防ぎ、殺精子剤の効果を高める。ペッサリーは殺精子剤のホルダーであると考えたほうがよい。避妊効果は精子侵入に対するペッサリーの防壁効果と、薬剤の殺精子効果によって一〇〇％になる。使用後はそのままにしておき、翌日取り出して、洗浄、乾燥して保存する。

殺精子剤

これは殺精子薬を適当な基剤に混ぜたものである。基剤の種類によってゼリー剤、クリーム剤、発泡性錠剤（ネオ・サンプーン）、エアロゾール、フィルム型（マイ・ルーラ）に分類される。ほとんどの避妊薬が殺精子薬として界面活性剤のメンフェゴール、ノノキシノール9を使っている。界面活性剤は精子の細胞膜を溶かして精子を殺す強い殺精子作用をもっており、副作用のない安全な避妊薬として世界各国で広く使われている。

ところが、一九八〇年ころから、ノノキシノール9（ポリオキシエチレン・ノニルフェニルエーテル）には催奇形性や遺伝毒性の疑いがあるという報告が現われた。万一、殺精子剤が子宮頸管や子宮に残ると、精子を傷つけたり受精卵の遺伝子を傷つけて奇形児が生まれるおそれがあるという報告である。

だが、多くの研究者の意見はこの毒性について否定的である。また、ノノキシノール9は先進国で長年使われており、今まで問題はなかった。だから厚生労働省は現在でも認可している。しかし、用心するに越したことはないから、タイミング妊娠法を行なう周期だけは、殺精子剤の使用は避けたほうがよい。それ以外の性交では差し障りはないだろう。

殺精子剤は薬局で簡単に購入でき、医者の指導を必要としないので若い人たちに好まれる。失敗率が高いといわれるが、使用説明書に従って正しく使えば失敗はほとんどないはずである。

2 IUD（子宮内避妊器具）

避妊の目的で子宮内に挿入する器具である。ベルリンのグレーフェンバーグ博士と日本の産科医太田典礼は、子宮内挿入器具の避妊効果について臨床試験を行ない、その結果を一九二九年に相前後して発表した。グレーフェンバーグは絹糸および銀線を輪状に束ねたものを使い、太田は車輪型の金属製リングを用いた。一九五〇年代まで欧米ではこの器具をグレーフェンバーグ・リングと呼んでいたが、一九六〇年代に国際家族計画連盟がIUDと命名した。日本では太田リング、または避妊リングと呼んでいる。

IUDの開発については太田医師をはじめ、戦後IUD復活のきっかけとなった横浜市立大学

図7-3　IUD

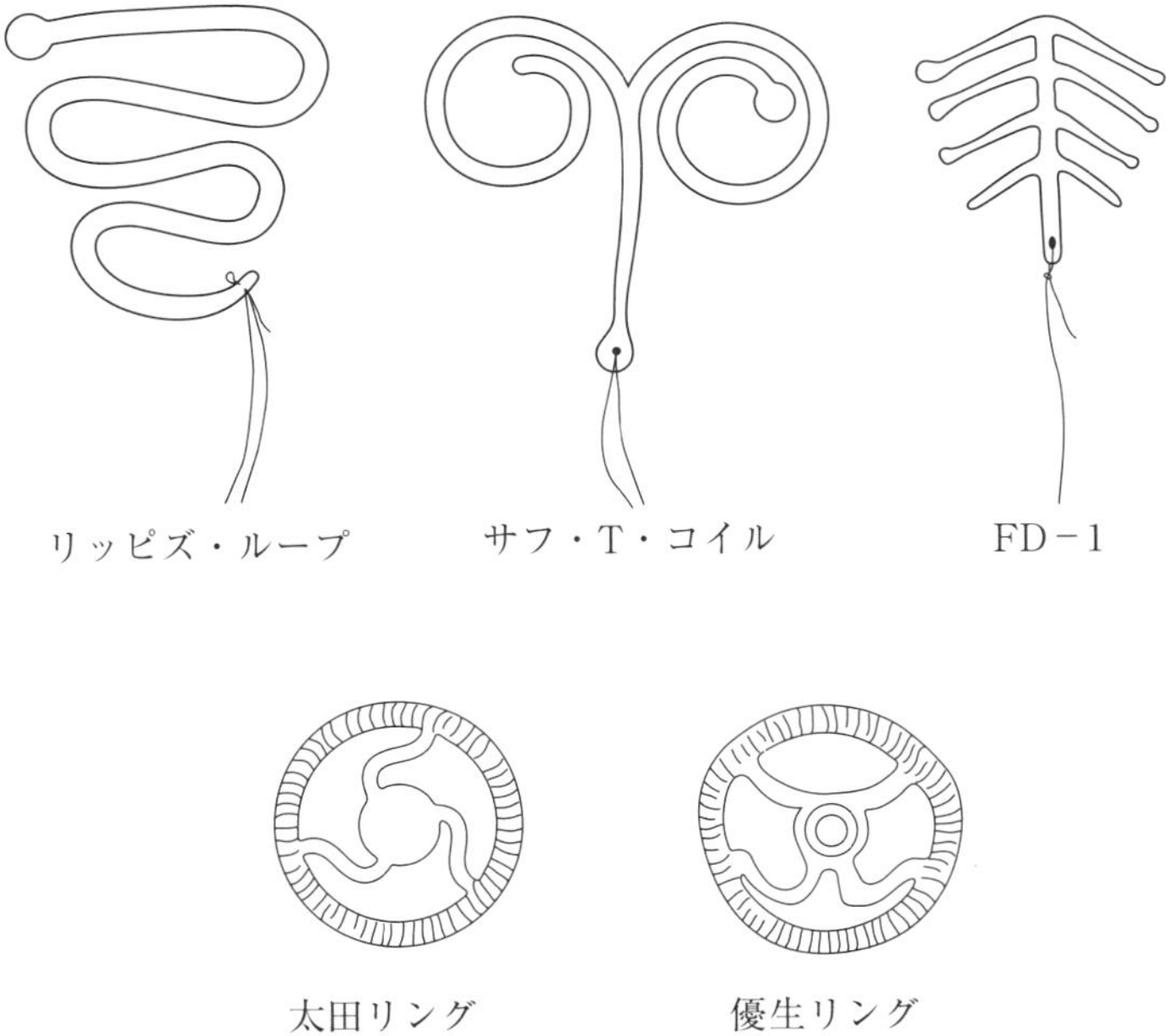

の石浜淳美教授の二万例に及ぶ臨床報告（一九五九年）など、日本人の貢献が大きい。しかし、日本政府がその使用を認めなかったので、長い間日の目を見なかった。政府がＩＵＤを認可したのは一九七四年で、このときは太田リングと優生リングに限って許可した。その後、三つの型が追認された。これらには糸がついている（図7―3）。

今日使われているＩＵＤは合成樹脂製が多く、型はいろいろある。銅線や銅板をつけたものや黄体ホルモンを封入したものもあり、これらを活性ＩＵＤという。そうでないものを不活性ＩＵＤという。

活性ＩＵＤは、ＩＵＤそのものの避妊効果に加えて活性物質の避妊効果が加わるので、不活性ＩＵＤより避妊効果が大きい。とくに銅をつけたものは併発症が少ないので欧米で好まれている。合成黄体ホルモン入りＩＵＤは不正出血や過多月経の防止に効果がある。

ＩＵＤは医者に挿入してもらい、その後一年間、指定された時期に検診を受けることになっている（図7―4）。

ＩＵＤの欠点は、はじめて挿入した人の約一〇%が落失することである。月経時に落失しやすい。一度落失すると、その後も落失しやすい。一年以上落失しなければ、その後はほとんど落ちない。落失に気づかないで妊娠することがある。ＩＵＤの失敗の原因はほとんどがこれである。それを防ぐため、ＩＵＤに糸をつけ、糸の先を腟内に出して装着する。指で糸を触って存在を確かめることができる。また、糸を引いてＩＵＤを取り出すこともできる。取り出せばすぐに妊娠可能な状態に復

図7-4　IUDの装着

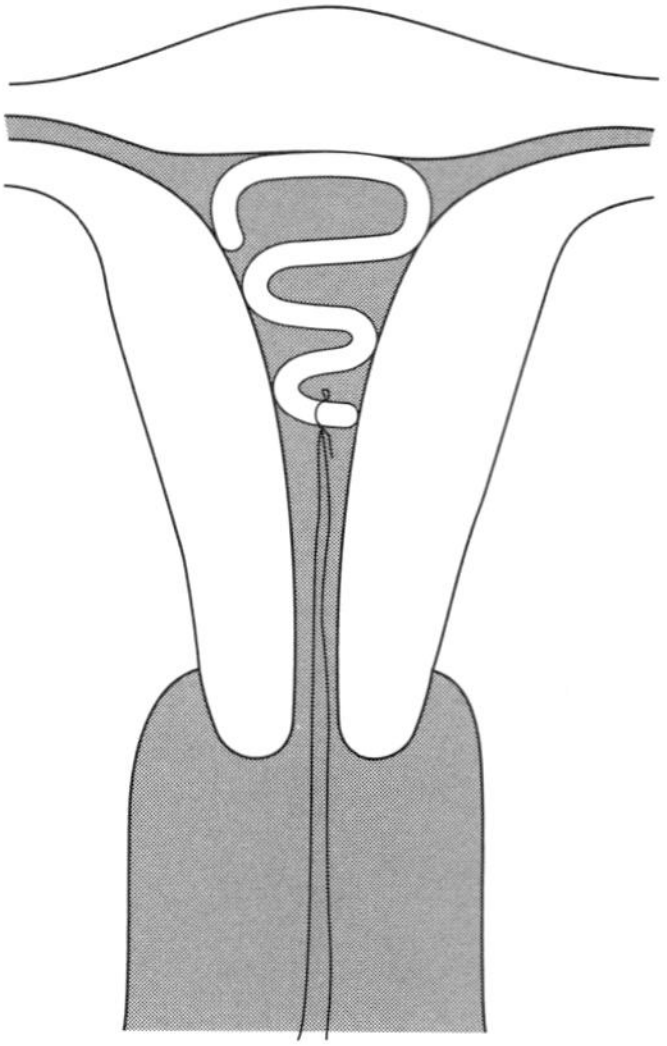

帰できる。

ＩＵＤの避妊効果は次の三つの作用による。

ａ　精子の頸管粘液内侵入を妨げる。

ｂ　子宮内膜を刺激して炎症反応を起こす。その結果、多数の白血球、食細胞、形質細胞が子宮内に浸出し、精子を攻撃して食ってしまう。

ｃ　ＩＵＤは子宮液を精子や卵子にとって有害な状態に変える。その結果、精子は受精能獲得が妨げられ、卵子は発育が妨げられる。

ＩＵＤの副作用としては月経過多、不正出血があり、出血にともなう腰痛、下腹痛がある。月経量はそれまでの一倍半から二倍くらいに増える。しかし、二、三カ月経つとこれらの症状は消える。症状がはなはだしければ、ＩＵＤを除かなければならない。

なぜ出血が多くなるかというと、出血は血液中のフィブリンが凝固することによって止まるのであるが、ＩＵＤを挿入すると子宮内膜のフィブリン分解酵素が増加してフィブリンを分解するので、出血が止まりにくくなる。これについては対応策がいろいろ研究されている。

この他に、糸のついたＩＵＤでは、まれに糸に沿って細菌が子宮内に侵入し、子宮の炎症や感染症を起こす。だが、夫婦だけの性生活を営む場合はこの心配はほとんどない。異常がなく落失もなければ、ＩＵＤは少なくとも五年間は一〇〇％に近い避妊効果がある最近の報告によると、ＩＵＤを使用したことのある女性の子宮内膜ガンに罹る率は、使用したことのない女性の二分の一で、ＩＵＤは子宮内膜ガンを防止する効果がある。

出産経験のない女性は頸管が狭いので挿入しにくく、かつ、落失しやすいのでＩＵＤは適しない。ＩＵＤは出産後から次の妊娠までの避妊とか、予定の子づくりを終えた後の避妊に適している。ＩＵＤは三十五歳以上の婦人に適しているが、閉経期になると子宮頸管が堅く締まり、取り出しにくくなるから、閉経の徴候が現われたらただちに取り除くことである。

子宮外妊娠の経歴のある女性、子宮の形が異常な女性、頸管無力症、月経過多、不規則出血のある女性、貧血症、膣炎、子宮内膜炎のある女性にはＩＵＤは不適当である。

ＩＵＤを挿入した後、出血が多くて取り出さなければならないとか、落失しやすい人などを合わせると約三〇％になり、ＩＵＤに適応する女性は七〇％といわれている。

3 経口避妊薬（ピル）

避妊法はその名称が性交を連想させるので羞恥心をともなう。できれば、性交と関係ない呼び名が望ましい。ピルはこの要望に沿ってつけられた名である。経口避妊薬（ＯＣ）であるが、避妊薬という言葉を避けて、ピル（丸薬）と呼んでいる。

ピルは合成卵胞ホルモンと合成黄体ホルモンを使った避妊薬である。このようなホルモンをステロイドホルモンと総称する。ステロイドホルモンを使った避妊法にはピルの他に注射用、皮下移植用がある。いずれも一回の処置で長期間避妊効果を持続させる目的でつくられたものであるが、わが国では当分認可されそうでないから説明を省く。

避妊効果は一〇〇%

ピルは一錠中に合成卵胞ホルモンと合成黄体ホルモンを含んでいる。ピルに含まれる二つのホルモンは視床下部に働いて、下垂体からのＦＳＨとＬＨの分泌を抑える。その結果どういうことが起こるかというと、

① ＬＨサージが抑えられるので排卵が起こらない（排卵抑制効果）。

② ＦＳＨとＬＨの分泌が抑えられるので、卵巣からの卵胞ホルモンと黄体ホルモンの分泌が止まり、代わってピルに含まれる二つの合成ホルモンが生殖器を支配することになる。その結果次のような効果が現われる。

ⓐ 自然状態では、排卵期の頸管に卵胞ホルモンが働いて頸管粘液の粘性が低下し、精子が通過しやすくなるが、ピルには黄体ホルモンが多いので粘液が粘稠になり、精子が通過しにくくなる。

ⓑ 卵管や子宮の機能は、卵巣から適度に分泌される卵胞ホルモンと黄体ホルモンによって微妙に調節されている。ピルはこの自然調節をピルが含む合成ホルモンによる調節に代えるので、受精卵を卵管から子宮に輸送するタイミングが狂い、受精卵の発育環境が不自然になり、かつ着床が妨げられる。

このように、ピルは排卵抑制効果に加え、生殖過程のさまざまな点を妨げるので、一〇〇%の避妊効果がある。

ピルを開発したのは米国のグレゴリー・ピンカス博士とジョン・ロック博士である。米国で避妊薬として最初に発売されたのは一九六〇年六月のことである。「エノビット」の商品名でシアール社から発売された。

一九五〇年代から世界の人口爆発の脅威が叫ばれ、有効な避妊法の開発は人類の存亡にかかわる最重要課題とされた。このような状況下でピルは一〇〇%避妊効果のある避妊薬として登場したので、当時の先覚者や世界の指導者たちはピルに熱い期待を寄せた。

しかし、ピルの開発はもっぱら避妊効果に向けられ、副作用についての充分な調査がなされないまま発売された。その結果、発売後まもなく英国で、ピルを使用していた女性が血栓静脈炎にかかるという事態が起きた。これが契機となり、循環器系の病気とピルとの関係が疑われて調査が始まった。そして両者の因果関係が確認されるまでに約一〇年かかったのである。

最初のピル、「エノビット—10」は一錠に合成卵胞ホルモン（メストラノール）を〇・一五ミリグラム、合成黄体ホルモン（ノルエチノドレール）を九・八五ミリグラム含んでいた。避妊効果を優先して、大量のホルモンが配合されていたのである。その後、循環器系に対する副作用のほかにもさまざまな副作用が指摘された。

ピルは病気の治療薬ではなく、健康な女性が服用するものであるから、健康を損ねるような副作用があってはならない。避妊法のなかでピルはもっとも期待された方法の一つであったから、ピルの副作用については、他のいかなる医薬品も及ばないほどの人員と資金を投じて、世界中の学者、臨床家が研究してきた。そうして、改良に改良を重ねて今日販売されている低用量ピルが生まれた。

低用量ピル

一〇〇％の避妊効果を維持しながらホルモンの含有量を減らすこと、副作用のより少ない合成ホルモンの開発、この二つの方向からピルの改良が進められた。こうしてできた低用量ピルでは、合成卵胞ホルモンの力価を最初のピル、エノヴィットの約三分の一に減らしてある。合成黄体ホルモンは新製品が数種類開発された。それぞれホルモン効果に違いがあるから、量だけで比較はできないが、低用量ピルではエノヴィットの一〇分の一から二〇分の一くらいまで減らしてある。

一錠中のホルモン含有量が二一日間を通じて全部同じものを「一相性ピル」という。この他に、「二相性ピル」「三相性ピル」がある。これらは二一日を二期、あるいは三期に分け、一錠中のホルモンの配合が各期毎に異なっている。こうすることによって、二一日間に服用するホルモンの総量がさらに少なくなっている。これも副作用を少なくするための工夫である。

このような努力によって副作用は著しく減少したが、卵胞ホルモンが少ないため不正出血が起こりやすくなった。しかし、出血ははじめのうちだけで、三〜六サイクル使用するとその後は、出血はほとんど消える。

低用量ピルではホルモン量を避妊に必要な最少限度近くまで減らしてあるから、一日でも飲み忘れると、ごくまれであるが、妊娠することがある。これについては、個々の商品で対応策が記載されているから使用法をよく読んで服用しなければならない。

第8章

性交の目的

1 快楽のための性交は罪悪である

「だれでも、情欲をいだいて女を見る者は、心の中ですでに姦淫をしたのである。もしあなたの右の目が罪を犯させるなら、それを抜き出して捨てなさい。五体の一部を失っても、全身が地獄に投げ入れられないほうが、あなたにとって益である。……」

これは聖書の『マタイによる福音書』第五章、二八、二九節にある有名なイエスの教えである。キリスト教では、女を見て情欲を抱くことは地獄に投げ入れられるほどの大罪であった。

明治の無教会派キリスト教の指導者内村鑑三は、これを受けて、「姦淫が大きな罪である事を本当に強く云ひ出したのはキリスト教が初めで、姦淫は殺人と同程度に大きい罪悪である」と説いた。志賀直哉は彼の初期の自伝的作品『濁った頭』と『大津順吉』のなかで、師内村鑑三のこの言葉を繰り返し述べて、キリスト教の厳しい教義に悩む大正初期の青年の姿を描写している。

初期キリスト教では、結婚の目的は生殖であり、愛し合っているから結婚するということは許されなかった。たとえ夫婦であっても、快楽を目的とした性交は姦淫とみなされた。

キリスト教は性に対してなぜこれほど厳しい姿勢をとったのだろうか。それは、キリスト教が成立した紀元一、二世紀のパレスチナやローマの社会風潮がそれを必要としたからである。当時の地中海世界では家の中にも、外にも性が乱れ溢れ、性風俗が極限まで退廃していた。これを矯正するには厳しい戒律が必要であった。西欧はキリスト教の厳しい戒律によって堕落から救われた。

だが、キリスト教の戒律が普及して世相が正常に戻ると、このような厳しい戒律にはついていけないという声が庶民の間から揚がってきた。そこで、この戒律は次のように解釈された。「夫婦の性交は快楽という悪を伴うけれど、生殖という善を目的とする行為であるから善悪相殺される。」こうして、夫婦間の性交に限って許されることになった。

この時代の人たちは、妊娠するための性交にはタイミングがあることを知らなかった。紀元前二世紀にギリシアの医者ソーラヌスは月経直後が妊娠しやすい時期であるといったが、その他の時期でも妊娠することを否定しなかった。だから、月経周期のどの時期に性交しようと、それはすべて妊娠を目的とした行為とみなされて許された。

ところが、二十世紀になって生殖科学が発達すると、月経周期には黄体期のように不妊期があることがはっきりしてきた。こうなると、排卵期の性交だけが生殖目的の性交として許され、不妊期の性交は快楽目的となり、殺人罪に当たる。これでは、修道僧は別として、庶民は受け入れ難い。

そこで、一九六二年から六五年にかけてヴァチカン第二公会議が開催され、ここで、「キリスト教的結婚の基礎を生殖と愛に置く」と改められた。これによって愛のための性交が許されることになり、今日に至る。

2 インド宗教の基盤

インド宗教の基盤は、バラモン教の奥義書といわれる聖典『ウパニシャッド』が説いた**梵我一如**《ぼんがいちにょ》と**解脱**《げだつ》の思想である。霊魂（アートマン）は不滅で、死んでも必ず再生し、死と再生を永久に繰り返す。これを**輪廻転生**《りんねてんしょう》という。次の世で何に生まれ変わるかは、前世における行い（業《ごう》）によってきまる。輪廻転生から離脱して苦のない世界（涅槃《ねはん》）に生まれることはできないが、修業によって梵我一如の真理を悟るならば、**輪廻転生**から**解脱**できるという。**梵我一如**とは、大宇宙の本体であるブラフマン（梵）と我々人間の本体であるアートマン（我、霊魂）は同一であるという思想である。後に、ブラフマンは擬人化されて、最高神ブラフマン（日本では梵天）として崇拝された。

仏教もヒンドゥー教と同じインド宗教であるから、ヒンドゥー教と同じ思想に基づいており、人間の本性は神あるいは仏と同じであり（梵我一如）、輪廻転生から解脱できれば神や仏になることができると説いている。仏教ではこれを**成仏**《じょうぶつ》という。バラモン教も解脱に到達する修業法として、「欲念を断ち、禁欲し、感覚を制御し、瞑想によって精神を統一し、心を梵我にのみ集中せよ」と教える。

これに対し、キリスト教では、神は唯一絶対の存在で、人間はどんなに修行しても神にはなれない。

3　成仏のための性交

ヒンドゥー教、密教、ジャイナ教は人間性を肯定している。その具体的教えとして、八世紀以後のインド宗教には、性の表現と実践を教義に積極的に導入した経典がある。このような経典を**タントラ**という。そして、それ以外の普通の経典をスートラと呼んでいる。タントラの教えを**タントリズム**という。ヒンドゥー教のシヴァ派と、それから出たシャクティ派（シヴァ・シャクティ派ともいう）の経典はすべてタントラ経典である。

シヴァ・シャクティ派は「この世は、すべてのものが女性原理**シャクティ**と男性原理**プルシャ**のいずれかから成る二元の世界である。我々はこの二つを完全に合一させることを修行の究極の目的とする」と説く。この合一に到達することを**シャクティを成就する**という。

シャクティは女性原理であり、宇宙の根本原理である。宇宙の成立、運行の原動力で、一切を発動させる力の根源であり、解脱の基である（図8—1）。シャクティを成就すれば、宇宙を支配することができ、解脱が可能となる、また、生存競争の中を生き抜く力になり、成就したシャ

図8-1　ヒンドゥー教タントリズムの基本思想

シャクティ（女性原理）
宇宙原理（梵）
シヴァ神姫（ドゥルガー、カーリー）

合一（性ヨガ）➡ 恍惚たる歓び＝解脱
（アーナンダ）

シヴァ神
精神的実在（自我）
プルシャ（男性原理）

クテイを自然界に伝達すれば家畜や作物の繁殖豊穣をもたらす、と信じている。しかし、シャクティは単独では力を発揮できない。プルシャと結合したとき、その力を発現する。これでわかるように、タントリズムでは女性原理が男性原理より優位であり、シャクティ主体の教えといえる。

シャクティは女神の姿で現われる。シヴァの神妃である女神ドゥルガーや女神パールヴァティーはシャクティと同一視される。そして、シヴァは男性原理プルシャと同一視される。いずれも非アーリア系のインド先住農耕民が信じていた神々である。だから、タントリズムはインド農耕民族から出た信仰といえよう。

シヴァと神妃は禁欲と耐乏の厳しい苦行と、性交の恍惚を交互に繰り返す。苦行生活はシャクティを蓄積する期間であり、蓄積されたシャクティは性交によって一挙に放出される。二神の苦行と性交は自然の繁殖と再生を表現している。シヴァとその妃の性交は、単なる肉体的合一ではなく、女性原理と男性原理、すなわち宇宙エネルギーと自我の合一、すなわちち梵我一如の悟りの境地である（図8―1）。

タントリズムがヒンドゥー教に最初に現われたのは紀元六世紀ころである。それまでのバラモン教では、バラモン（祭官階級）、クシャトリァ（武人階級）、バイシャ（庶民階級）の三階級の男性だけが解脱の資格をもっていた。すべての女と、三階級以外の奴婢階級の男は解脱の資格さえ与えられなかった。ところが、タントリズムのヒンドゥー教では、階級、男女を問わず、すべての人々に解脱の資格を認め、性交という卑近な行為によって解脱できる道を開いた。その結果、一時期インド宗教界全体がタントリズムに巻き込まれた。タントリズムは中世以降のヒンドゥー教の特色である。

シャクティ派は二つのシャクティ成就法を教えている。一つは、マントラ（真言と訳す。呪文のような秘密の言葉）を唱えながら、ヨーガ行法によって、シャクティとみなされる女性と性交する方法である。これによってシャクティを成就すると、恍惚たる喜びに浸る。神姫を抱く男性神のミトウナ像（男女抱擁像）はシャクティを成就した歓喜の姿を現わしている（図8―2）。

この成就法はセックス・ヨーガと誹謗されることがあり、誤解されがちなので、誰にでも許される行法ではない。一定期間断食や苦行、荒行を行って心を清めた者だけが、あらかじめ熟達した師の監督下で許される。

図8-2　金剛亥母を抱くチャクラ・サンバラ（最勝楽）　白浜美術館

もう一つの成就法は、自分の体内に潜むシャクティとシヴァをヨーガによって合一させる方法で、性交とは関係ない。

紀元四世紀ころ、インド仏教とヒンドゥー教が融合して**密教**が生まれた。七世紀の中ごろまでに密教経典『大日経』と『金剛頂経』が編纂されて密教の体系化がほぼ完成した。この時期の密教を中期密教という。紀元八〇四年に空海と最澄は遣唐使と共に中国に渡り、密教を学んで帰国し、日本で布教に努めた。彼らが伝えたのは中期密教である。

ヒンドゥー教では六世紀ころすでにシャクティ信仰が育ち、タントリズムの色彩を帯びていた。だから、密教にもタントリズムが導入されている。金剛頂経の十八会のうちの第六会の『般若理趣会』にそれがはっきり現われている。その内容を説いたものを**理趣経**といい、真言密教の極意とされている。

理趣経では、すべてのものの本性は菩薩のごとく清浄であるとし、人間の現実の欲望を肯定して生命の悦びを説いている。これは梵我一如の思想に基づいている。人間の本性の具体例として男女関係を取り上げ、男女の愛欲を肯定して「欲心をもって異性を見ることも、男女交合の恍惚境も、すべて清浄なる菩薩の境地である」と説く。

インドでは九世紀に、性交のエクスタシーを解脱の手段とするタントリズム主体の密教が現われた。その経典を『無上瑜迦経典』といって、これこそ最高の密教経典である、という意味である。この時期の密教を後期密教という。

無上瑜迦経典では、女性原理を**般若**《はんにゃ》（悟りの知恵）と呼び、男性原理を**方便**《ほうべん》（知恵を活動させる基）と呼ぶ。両者を合一させると真の知恵が働き、完全な真理が現われる。その状態を**大楽**と呼び、男女抱擁像で表される。日本ではこれを歓喜仏と呼んでいる。

表現を変えて説明しよう。密教僧の中で仏に近い高僧のことを阿闍梨《あじゃり》というが、無上瑜迦では、この阿闍梨と、金剛界（仏の世界）の女性が性的ヨーガを行い、そのヨーガの境地を継承すれば即身成仏できると説く。平たくいうと、男女が性交によって合一し、エクスタシーの境地に到達すると即身成仏できるという教えである。このような宗派を左道密教とかタントラ仏教という。

これにたいし、正統派の密教を右道密教という。

無上瑜伽密教がインドで栄えたのは九世紀以後で、空海らが留学した時代にはまだ中国に伝わっていなかった。十一世紀に宋に渡った僧成尋《じょうじん》が無上瑜伽経典の一部を日本に送ったという風説があるが、これが日本で普及したという証拠はない。儒教の国中国でも普及しなかった。

しかし、チベットでは仏教は十一世紀以後に伝わったので、タントラ仏教が主流であった。その結果、性風俗が乱れ、性病が蔓延したので、後に、右道密教がこれに代わって主流となり、タントラ派は少数派となった。インドでは十三世紀に仏教が滅びたので、結局タントラ仏教が後世まで残ったのはチベット仏教圏だけである。

日本では平安末期から鎌倉末期にかけて**立川流**という真言密教の一流派が興った。これが日本のタントラ仏教である。崇徳天皇の時代、僧仁寛が理趣教を文字通りに解釈し、これと、武蔵の国、立川の陰陽師から習った陰陽道とを混合して立川流真言という流派を編み出した。その教理は、「男女の交合をもって即身成仏の秘術とする」というタントラ仏教そのものであった。

立川流はまたたくまに日本全国に広がった。これに対し、真言正統派や宗教の識者たちは、立川流を邪教と攻撃し、幕府に強訴した。その結果、立川流の勢力は次第に弱まったが、室町時代は幕府政権が不安定であり、加えて女性上位の公家社会の影響が残っていたから、立川流は存続した。徳川時代に入って男性優位の生殖観に立つ幕藩体制が確立すると、女性上位の生殖観に立つ立川流は完全に消滅した。

引用・参考文献

1. Hertig. AT. J Rosk, & EC A dams. A description of 34 human ova within the first 17days development. Am. J. Anat. 98 435, 1956.（本文12P, 100P）
2. Emil Witschi.Overripenness of the egg as a possible cause in mental and physical disorders. Social Biology, 18(Suppl), S9,1971.（本文13P, 100P）
3. Edmonds, DK, KS. Lindsay, JF Miller, E Williamson & PJ Wood. Early embryonic motality in women, Fertil. & Steril, 38, 447, 1982.（本文14P）
4. Gray, R. The impact of health and nutrition on natural fertility. In: Bulatao ra & RD Lee ads *determinants of Fertility in Developing Countries* Vol.1, pp,139-162, New York : Academic Press., 1983（本文14P）
5. Guerrero, R & OI Rojas Spontanous abortion and aging of human ova and spermatozoa. New England J. Med. 293:573,1975.（本文19P, 97P）
6. Cross, RG. Prevention of anencephaly and fetal abnormalities by a preconceptional regimen. Lancet. 2:1124,1961.（本文30P）
7. Jongbloet, PH. & HJ Zwets. Preovulatory over-ripeness of the egg in the human subject. Int. J. Gynaecology and Obstet. 14:116 1976.（本文31P）
8. Brent, RL. Environmental factors : miscellaneous. 1976. in : 西村秀雄 先天異常への医学的アプローチ。医学のあゆみ103巻　14号　907, 1977（本文33P）
9. Bouchard Jr TJ .et. al., Sources of Human psychological differences: The Minesota Study of Twins Reared Apart. Science. 250 : 223, 1990.（本文44P）
10. Naggan, L. & B MacMahon. Ethnic differences in the prevalence of anencephaly and bifida in Boston Massachusetts. New England J. Med. 227 : 1119, 1967.（本文48p）
11. ジャン・ルイ・フランドラン著　宮沢信訳　性と歴史　新評論社。197頁、1987（本文49p）
12. Levin, RM, J. Latimore, AJ.Wein & KN Van. Corelation of sperm count with frequency of ejaculation. Fertil. Steril. 45 : 732, 1986（本文53P）
13. Levine, RJ. et al. Deterioration of semen quality during summer in New Orleans. Fertil Steril. 49:900 1988（本文58P）
14. Butcher, RL. Pre-ovulatory and post-ovulatory overripeness. Int. J. Gynaecol. Obstet. 14:105, 1976（本文99, 101P）
15. Lauristen, JG Cytogenetics of spontaneous abortion. Res. In Reprod. 14（3）: 1982.（本文86P）
16. Hunter, RHF & R. Nichol. Post-ovulatory progression of viable spermatozoa in the sheep oviduct and the influence of multiple mating on their pre-ovulatly distribution. Br. Vet J. 142:52, 1986.（本文94P）

結び

戦後のベビー・ブームが終わり、続いて始まった経済成長が進展すると、教育費の負担増から子どもの出生率低下が始まった。これは現在まで続いて深刻な社会問題となっている。政府は対策会議を開いて低下傾向を上昇に向ける方策を検討している。さらに、最近行なわれた子どもの学習到達度調査は、日本の子どもの学力が危機的状況にあることを報じた。政府は子どもの出生率低下に加えて、学力低下という新しい問題を抱えることになった。学力低下について政府は「学習指導要綱の建て直し」によって学力向上を計ろうとしている。これによって仮に学力オリンピックで優れた成績を挙げえたとしても、それは一部の国民の努力によるものであって、国民全体の質の向上とはならない。もし、国民全体が生まれながら優れた素質をもつならば、これは素晴らしいことで、社会全体が向上する。

出生率を回復し、素質の優れた子どもを産むには、計画した時期に確実に妊娠し、新鮮な卵子と精子が受精しなければならない。それができるのは、タイミング妊娠法のほかにない。

現在、若夫婦は一生に一人か二人しか子どもを産まないという。それならば、子づくりはなりゆき任せにしないで、多少面倒かもしれないが、タイミング妊娠法によって希望する時期に妊娠し、丈夫で優れた素質をもつ赤ちゃんを産もうではありませんか。タイミング妊娠法は、計画的に妊娠し、優れた素質をもつ子どもを産む唯一の妊娠法である。

二〇〇五年　三月

市川茂孝

著 者 紹 介

市川　茂孝（いちかわ　しげたか）

大正10年広島県呉市に生まれる。昭和25年東京大学農学部卒業。大阪府立大学に勤務。昭和59年停年退官。大阪府立大学名誉教授。生殖生理学専門。日本不妊学会功労評議員。

著書『図解タイミング妊娠法』農山漁村文化協会
　　『背徳の生命操作』(同)
　　『母権と父権の文化史』(同)
　　『日本人は性をどう考えてきたか』(同)

新版　タイミング妊娠法
丈夫でよい子を産む　　健康双書

1991年6月30日　第1刷発行
1997年3月10日　第27刷発行
1997年4月30日　新訂第1刷発行
2004年4月15日　新訂第19刷発行
2013年5月20日　新版第7刷発行

著者　市　川　茂　孝

発 行 所　一般社団法人　農山漁村文化協会
郵便番号 107-8668 東京都港区赤坂7丁目6-1
電 話 03(3585)1141(営業)　03(3585)1147(編集)
FAX 03(3585)3668　　振替 00120-3-144478
URL http://www.ruralnet.or.jp/

ISBN978-4-540-04233-1　DTP制作／ニシ工芸㈱
〈検印廃止〉　印刷／㈱平文社

製本／根本製本㈱
Printed in Japan　定価はカバーに表示
乱丁・落丁本はお取りかえいたします。

農文協・いのちをみつめる本

WHOの59カ条　**お産のケア実践ガイド**
戸田律子訳　1143円+税
1996年のWHO報告全訳と日本の実情解説。つつましい医療とあたたかいサポートが安産を保証する。

お産って自然でなくっちゃね
ある産科医の真実の提言
吉村正著／清原なつのマンガ　1286円+税
自然なお産は恐くない、誰にもできる——1万5千以上のお産を見てきた著者によるお産の手引。

お産って楽しいね
吉村正・山田桂子編　1200円+税
薬漬けと過管理の現代病院分娩の対極にある自然流安心お産への道を、実例から楽しく語りかける。

私らしさで産む産まない
青木やよひ・丸本百合子著　1219円+税
女性の体、性、出産と子育て、出生率低下など、女性問題評論家と産婦人科医が語り悩みを解く。

イブの出産、アダムの誕生
お産を愛する人たちが語るもうひとつの出産
きくちさかえ著　2000円+税
お産を愛する人々が語る医療・社会・自然・男と女、新しいいのちの時代を告げる出会いの記。

不妊治療 ここが知りたいA to Z
全国不妊治療施設一覧付き
児島孝久・謝花麻理・岩本かすみ編著　2000円+税
タイミング指導から排卵誘発、人工授精、体外受精、顕微授精まで。227施設の治療内容掲載。

奇形児はなぜ　妊娠してからでは遅すぎる
田村豊幸著　1238円+税
あらゆる薬の奇形作用と煙草、コーヒーなど日常食品・嗜好品の危険度がわかる予防・自衛読本。

日本人は性をどう考えてきたか
クローン時代に生かすアジアの思想
市川茂孝著　1857円+税
性を社会支配の道具から人間回復の鍵へ—縄文から現代までを見渡す雄大なスケールの性文化史論。

母権と父権の文化史
母神信仰から代理母まで
市川茂孝著　1857円+税
親としての男女平等の相克の歴史を神話、宗教、哲学などから読み、生命操作に警鐘を鳴らす。

背徳の生命操作
市川茂孝著　1333円+税
もはや倫理に歯止めは期待できない。長年その研究に携った筆者が、自省をこめて内在的に告発。